Ensina a criança no caminho em que deve andar, e ainda quando for velho, não se desviará dele.

–

Provérbios 22:6 (BKJ 1611)

UMA MENSAGEM AOS PAIS

20 COISAS QUE EU PRECISO DIZER À MINHA FILHA

Devocionais para Fortalecer seu Relacionamento

bvbooks

bvbooks
BV Films Editora Eireli
Rua Visconde de Itaboraí, 311
Centro | Niterói | RJ | 24.030-090
55 21 2127-2600
www.bvbooks.com.br

Editor Responsável
Cláudio Rodrigues

Arte da Capa
Kim Russel / Wahoo Designs

Diagramação e Adaptação Capa
Laércio Filho

Tradução
Mitsue Siqueira

Revisão de Texto
Ana Carolina Salerno
Louise Figueiredo
Ariana Fátima C. Baptista

Os conceitos concebidos nesta obra não, necessariamente, representam a opinião da bvbooks, *selo editorial BV Films Editora Eireli. Todo o cuidado e esmero foram empregados nesta obra; no entanto, podem ocorrer falhas por alterações de software e/ou por dados contidos no original. Disponibilizamos nosso endereço eletrônico para mais informações e envio de sugestões: faleconosco@bvbooks.com.br.*

SMITH, FreeMan. *20 Coisas que Eu Preciso Dizer à Minha Filha.* Rio de Janeiro: BV Books, 2021.

ISBN	978-85-8158019-7
1ª edição	Julho | 2012
2ª edição	Maio | 2021
Impressão e Acabamento	Promove
Categoria	Moral Cristã e Teologia Devocional

Impresso no Brasil / Printed in Brazil

ÍNDICE DE TEMAS

INTRODUÇÃO

Uma mensagem aos pais

Pelo fato de vocês serem mais velhos e mais sábios do que sua filha, vocês têm muito a ensinar a ela (mesmo que ela não pense assim). Mas quais lições devem ser ensinadas primeiro? Afinal de contas, provavelmente vocês têm centenas de ideias em mente, e todas são importantes. E com tanto a se considerar, talvez haja dificuldade para organizar os pensamentos. Pode ser também que vocês não tenham tempo para se sentar com sua filha e compartilhar suas próprias lições de vida de uma forma sistemática. Se esse é o caso de vocês, este livro pode ajudar.

Os textos se focam em vinte grandes princípios para os cristãos, lições que sua filha precisa desesperadamente saber. Portanto, eis a missão, pais: leiam este livro, incluam seus princípios pessoais e depois separem uma série de momentos para ter uma conversa cara a cara, de pais para filha e sem interrupções com a jovem que Deus deixou aos seus cuidados. Faça o possível para reservar tempo suficiente para explorar estes conceitos a fundo e não tenham medo de compartilhar suas próprias experiências: suas vitórias, derrotas e lições que vocês aprenderam ao longo do caminho.

Vivemos em um mundo no qual muitos pais têm terceirizado a tarefa de criar seus filhos, o que inevitavelmente gera consequências. E não tenham dúvidas de que sua filha aprenderá sobre a vida com alguém; na verdade, ela faz isso todos os dias – algumas lições são boas e outras não. Então, perguntem a si mesmos: sua filha está aprendendo com o mundo ou com vocês? O mundo irá, às vezes, desviá-la intencionalmente do caminho, mas vocês nunca farão isso. Portanto, peguem este livro, peguem suas anotações, separem um momento para ficar com sua filha e tenham a conversa sincera que vocês merecem.

1ª Coisa que Eu Preciso dizer à Minha Filha

DEUS TEM UM PLANO PARA SUA VIDA QUE É MAIOR (E MELHOR) DO QUE O SEU

"Porque eu sei os pensamentos que tenho sobre vós, diz o SENHOR, pensamentos de paz, e não de mal, para vos dar o fim que esperais."

–

Jeremias 29:11 (BKJ 1611)

CONVERSEM COM SUA FILHA SOBRE O PLANO DE DEUS

A Bíblia não deixa dúvidas: Deus tem planos – grandes planos – para vocês e para a sua família. Mas Ele não forçará ninguém a aceitá-los – se quiserem experimentar a abundância reservada por Deus, vocês precisam estar dispostos a aceitar Sua vontade e a seguir Seu Filho.

Como cristãos, vocês e os membros da sua família devem fazer a seguinte pergunta a si mesmos: "De que maneira podemos fazer nossos planos serem como os planos de Deus?" Quanto mais se dedicarem a seguir o caminho que Ele designou para suas vidas, melhor.

Certamente sua filha tem algumas preocupações relacionadas aos problemas atuais dela, e vocês devem motivá-la a entregar essas preocupações a Deus em oração. Ela tem esperanças e sonhos, e vocês precisam encorajá-la a falar com Deus sobre esses sonhos. Sua filha está fazendo planos para o futuro e, a propósito, apenas o Criador conhece esse futuro. Vocês devem pedir para ela deixar Deus direcionar seus passos.

Portanto, lembrem-se de que Ele quer usar vocês – e sua filha – de maneiras inesperadas e maravilhosas, e cabe a vocês buscar o plano que Ele tem para suas vidas à medida que a encorajam a fazer o mesmo. Quando fizerem isso, descobrirão que os planos de Deus são sublimes e gloriosos... mais do que qualquer um imagina.

E sabemos que aos que amam a DEUS, todas as coisas ajudam para bem, aos que são chamados conforme o seu propósito. (Rm 8:28 - BTX)

O QUE MAIS A PALAVRA DE DEUS NOS DIZ SOBRE DIRECIONAMENTO DADO POR CRISTO

Eu te instruirei e te ensinarei no caminho em que irás; eu te guiarei com o meu olho. ***Sl 32:8 - BKJ 1611***

Porque todos os que são guiados pelo Espírito de DEUS, estes são filhos de DEUS. ***Rm 8:14 - BTX***

Porque tu acenderás a minha vela; o SENHOR meu Deus iluminará as minhas trevas. ***Sl 18:28 - BKJ 1611***

Em todos os teus caminhos, reconhece-o, e ele direcionará as tuas veredas. ***Pv 3:6 - BKJ 1611***

O Senhor DEUS me tem dado a língua do instruído, a fim de que eu deva saber como dizer uma palavra adequada para aquele que está cansado. Ele me acorda manhã após manhã. Ele desperta meu ouvido para ouvir como o erudito. O Senhor DEUS tem aberto meu ouvido e eu não fui rebelde, nem retrocedi. ***Is 50:4-5 - BKJ 1611***

OUTRAS GRANDES IDEIAS

Com Deus, não há "plano B" ou "segunda opção". Existe somente o "plano A". E, se permitirmos, Ele fará maravilhas em nossas vidas. ***Gloria Gaither***

Deus tem um plano para a vida de cada cristão. Todas as circunstâncias, todas as situações do destino, tudo trabalha junto para o nosso bem e para a Sua glória. ***Billy Graham***

Deus preparou uma trajetória para a sua vida, e nem todas as fraquezas do mundo O farão mudar de ideia. Ele estará com você a cada passo e, mesmo que demande tempo, Ele tem planejado uma comemoração para quando você cruzar os "mares vermelhos" da sua vida. ***Charles Swindoll***

Deus quer que nós O sirvamos com um espírito desejoso; um espírito que não faria outra coisa a não ser servi-Lo. ***Beth Moore***

Deus nunca nos levará a um lugar onde Sua força não possa nos sustentar. ***Barbara Johnson***

Eu não tenho dúvidas de que o Espírito Santo direciona as decisões em seu interior a partir do momento em que você escolhe tomá-las para agradar a Deus. Errado seria pensar que Ele fala apenas ao seu interior, enquanto, na verdade, Ele também fala por meio das Escrituras, da Igreja, dos irmãos em Cristo e dos livros. ***C.S. Lewis***

O Senhor nunca comete erros. Um dia, quando estivermos no céu, tenho certeza de que teremos a resposta para todos os porquês. Muitas vezes eu perguntei "por quê?", mas no céu veremos o lado de Deus nessa história. ***Corrie Ten Boom***

Se você acredita em um Deus que controla as grandes coisas, você precisa acreditar em um Deus que controla as pequenas coisas. Certamente é para nós que as coisas parecem "grandes" ou "pequenas". ***Elisabeth Elliot***

Nosso Deus é intencional, e transborda de motivos e razões. Ele nunca faz nada por capricho ou decide algo no "cara ou coroa". ***Joni Eareckson Tada***

PONTOS IMPORTANTES:

Anotem pelo menos três coisas, que sua filha precisa saber, relacionadas ao plano de Deus:

MOMENTO DE ORAÇÃO:

Escrevam uma oração para sua filha com base neste capítulo:

Senhor,

Amém

2ª Coisa que Eu Preciso dizer à Minha Filha

COM FÉ, VOCÊ PODE MOVER MONTANHAS; SEM FÉ, VOCÊ NÃO PODE

Decerto vos digo que
qualquer que diga a este monte:
Retira-te e lança-te ao mar!
E não duvide em seu coração,
mas creia que o que fala acontece,
ele o obterá.

–

Marcos 11:23 (BTX)

CONVERSEM COM SUA FILHA SOBRE FÉ

Pelo fato de vivermos em um mundo exigente, todos nós, pais e filhos, temos montanhas para escalar e montanhas para mover, e movê-las requer fé. A experiência de tentar mover essas montanhas com Deus constrói nosso caráter.

A fé, assim como um pequeno grão, pode ser semeada ou negligenciada. Quando semeamos nossa fé por meio da oração, da meditação e da adoração, Deus abençoa nossas vidas e edifica nossa alma. Mas quando deixamos de buscar ao Pai, prejudicamos a nós mesmos e os nossos entes queridos.

Vocês são pessoas que movem montanhas, cuja fé é claramente mostrada à sua filha? Ou vocês são daqueles que logo se encolhem de medo? Enquanto tentam responder a essas perguntas, pensem nisto: Deus precisa de mais pessoas – e especialmente de mais pais – que estejam dispostos a mover montanhas para a Sua glória e para o Seu reino.

Cada vida – incluindo a da sua filha – é uma série de vitórias e derrotas. A cada passo da jornada, em cada conquista e provação, Deus caminha com sua filha sempre pronto e disposto a fortalecê-la. Por isso, da próxima vez que o caráter dela for testado, faça-a lembrar de que ela deve entregar as preocupações a Deus e de que nenhum problema é grande demais para o Criador do universo.

Com Deus tudo é possível, e Ele está pronto para abrir uma gama de possibilidades para sua filha e para vocês… se vocês tiverem fé. Sendo assim, sem mais delongas, comecem a mover sua montanha.

E a fé é a certeza do que se espera,
a convicção do que não se vê. (Hb 11:1 - BTX)

O que mais a Palavra de Deus nos diz sobre adoração

Fiquei feliz quando me disseram: Vamos à casa do SENHOR. ***Sl 122:1 - BKJ 1611***

E perseverando unânimes cada dia no templo e partindo o pão de casa em casa, compartiam o alimento com alegria e singeleza de coração, louvando a DEUS, e tendo favor entre todo o povo. E cada dia o Senhor acrescentava a eles os que iam sendo salvos. ***At 2:46-47 - BTX***

Mas vem uma hora, e agora é, quando os verdadeiros adoradores adorarão ao Pai em espírito e verdade, porque também o Pai quer que o adorem tais adoradores. DEUS é Espírito; e os que adoram, devem adorar em espírito e verdade. ***Jo 4:23-24 - BTX***

Porque onde estão dois ou três congregados em meu Nome, ali estou Eu no meio deles. ***Mt 18:20 - BTX***

Outras grandes ideias

Ter fé é ver a luz com os olhos do coração enquanto os olhos do corpo veem apenas a escuridão. ***Barbara Johnson***

A graça nos chama para levantar, sacudir a poeira do desamparo e seguir em frente com uma vida de fé. ***Kay Arthur***

Assim como a fé fortalece nossa vida de oração, nossa oração aprofunda a fé. Oremos mais vezes, a começar por hoje, para termos uma fé mais profunda e poderosa. ***Shirley Dobson***

Se Deus escolheu permanecer em silêncio, é porque a fé já foi demonstrada. ***Ruth Bell Graham***

Quando você e eu depositamos nossa fé em Jesus Cristo e O chamamos para viver em nós, o Espírito Santo surge, o poder de Deus nos protege e Jesus nasce em nosso interior. ***Anne Graham Lotz***

Ter fé é acreditar antecipadamente
em algo que fará sentido apenas
no sentido inverso.

—
Philip Yancey

PONTOS IMPORTANTES:

Anotem pelo menos três coisas, que sua filha precisa saber, relacionadas à fé:

MOMENTO DE ORAÇÃO:

Escrevam uma oração para sua filha com base neste capítulo:

Senhor,

Amém

3ª Coisa que Eu Preciso dizer à Minha Filha

AGIR CORRETAMENTE
É MAIS IMPORTANTE DO QUE
SER POPULAR

Foge das paixões juvenis,
segue após a justiça,
a fé, o amor e a paz,
com os que de coração puro
invocam ao Senhor.

–

2 Timóteo 2:22 (BTX)

CONVERSE COM SUA FILHA SOBRE FAZER O QUE É CERTO

Se a sua filha for como a maioria das mulheres, ela buscará a admiração das amigas e colegas de classe. Mas a ânsia de agradar aos outros não deve nunca exceder à ânsia de agradar a Deus. Ele tem grandes planos para sua filha e, se ela pretende realizar esses planos seguindo Jesus, precisa em primeiro lugar agradar ao Pai sempre.

Cada dia da nossa vida é uma aventura de grandes decisões. A cada dia, sua filha fará escolhas que, assim se espera, a farão se aproximar de Deus. Quando obedecer aos Seus mandamentos, ela experimentará Sua abundância e Sua paz. Mas se sua filha virar as costas para Ele por meio da desobediência, consequentemente ela convidará o velho amigo Problema para fazer visitas frequentes.

Vocês querem que sua filha seja bem-sucedida e feliz? Então, encorajem-na a estudar a Palavra de Deus e a viver segundo os princípios das Escrituras. Se sua filha seguir esse conselho, quando ela tiver de fazer uma escolha difícil ou quando passar por uma grande tentação (o que certamente vai acontecer), ela estará preparada para enfrentar o inimigo de cabeça erguida.

Portanto, como pais responsáveis, sua tarefa é encorajar sua filha a buscar a aprovação de Deus em todos os aspectos da vida. Isso parece simples demais? Talvez até seja, mas é também a única maneira de ela alcançar as grandes maravilhas que Deus reserva.

Bem-aventurados os de limpo coração, porque eles verão a DEUS. (Mt 5:8 - BTX)

Não nos cansemos, pois, de fazer o bem, que no tempo assinalado colheremos, se não desfalecemos. Assim que, enquanto temos oportunidade, façamos o bem a todos, especialmente aos familiares da fé.
(Gl 6:9-10 - BTX)

Outras grandes ideias

Nossas aflições não foram feitas para nos destruir, e sim para nos levar ao que é eterno e sagrado. ***Barbara Johnson***

A santidade nunca foi o forte da maioria das pessoas. Ela é, no entanto, obrigatória para qualquer um que queira entrar no Reino. ***Elisabeth Elliot***

Ele não precisa de abundância de palavras. Ele não precisa de uma dissertação sobre a sua vida. Ele apenas quer a sua atenção. Ele quer seu coração. ***Kathy Troccoli***

O melhor de tudo é ser reconhecido como filho de Deus, vivendo cada dia como se fosse o último, mas planejando como se o mundo fosse durar mais algumas centenas de anos. ***C.S. Lewis***

A santidade não é o caminho para Jesus – Jesus é o caminho para a santidade. ***Anônimo***

CUIDANDO DO CORPO COM HONRA E RESPEITO

DIGAM À SUA FILHA: CABE A VOCÊ CUIDAR DO SEU CORPO COM RESPEITO, PORQUE ELE É O TEMPLO DE DEUS.

Não sabeis que vosso corpo é santuário do Espírito Santo que está em vós, o qual tendes de DEUS, e que não sois vossos? Porque fostes comprados por preço. Glorificai, portanto, a DEUS em vosso corpo. ***1Co 6:19-20 - BTX***

As discrepâncias entre os valores e a prática criam um caos na vida de uma pessoa. ***John Maxwell***

A obediência é a expressão visível do nosso amor por Deus. ***Henry Blackaby***

PONTOS IMPORTANTES:

Anotem pelo menos três coisas, que sua filha precisa saber, relacionadas à retidão:

MOMENTO DE ORAÇÃO:

Escrevam uma oração para sua filha com base neste capítulo:

Senhor,

Amém

4ª Coisa que Eu Preciso dizer à Minha Filha

VOCÊ NUNCA ESTÁ MUITO VELHA (OU MUITO NOVA) PARA APRENDER ALGO NOVO

Aplica o teu coração à instrução,
e os teus ouvidos às palavras do conhecimento.

–

Provérbios 23:12 (BKJ 1611)

CONVERSEM COM SUA FILHA SOBRE APRENDIZADO CONTÍNUO

Enquanto vivemos, devemos continuar aprendendo e precisamos motivar nossos filhos a fazer o mesmo. Mas, ocasionalmente, a tarefa de educar os filhos nos parece um tanto ingrata. Por quê? Porque algumas vezes eles quase não dão atenção às oportunidades de aprendizado que nós, adultos, trabalhamos tanto para oferecer.

A educação é a ferramenta pela qual todos nós – pais e filhos – começamos a conhecer e apreciar o mundo no qual vivemos. É a luz brilhante que surge em meio à escuridão da ignorância e do vazio. A educação é liberdade, assim como a ignorância é escravidão. Ter educação não é luxo; é uma necessidade e um meio poderoso para que o bem aconteça neste mundo.

Quando se trata das lições mais importantes da vida, podemos fazer as coisas do jeito fácil ou do jeito difícil. O fácil pode ser resumido pelo seguinte: quando Deus nos ensina uma lição, nós a aprendemos... de primeira. Infelizmente, muitos aprendem muito mais devagar.

Quando resistimos às instruções de Deus, Ele continua nos ensinando, quer gostemos ou não. Sendo assim, nosso desafio é entender as lições de Deus e as experiências da vida. Felizmente aprenderemos essas lições o mais rápido possível, pois quanto mais rápido o fizermos, mas rápido Ele nos levará à próxima lição, e assim por diante.

Então, seu desafio, como pais cuidadosos, é convencer sua filha de que ela tem muito a aprender, mesmo que ela prefira acreditar que não.

O ouvido que ouve a repreensão da vida habita entre os sábios. (Pv 15:31 - BKJ 1611)

O sábio de coração receberá os mandamentos, mas o tolo tagarela cairá. (Pv 10:8 - BKJ 1611)

O temor do SENHOR é o princípio do conhecimento; mas os loucos desprezam a sabedoria e a instrução. (Pv 1:7 - BKJ 1611)

O que mais a Palavra de Deus nos diz sobre maturidade

Tu, porém, persiste no que aprendeste e foste persuadido, sabendo de quem aprendeste, 15 já que desde menininho conheces as Sagradas Escrituras, as quais podem te fazer sábio na salvação que pela fé há em CRISTO JESUS. ***2Tm 3:14-15 - BTX***

Irmãos meus, tende por sumo gozo quando vos vejais envoltos em diversas provações, sabendo que a provação da vossa fé produz paciência. Mas tenha a paciência uma obra perfeita, para que sejais perfeitos e íntegros, sem que vos falte nada. ***Tg 1:2-4 - BTX***

Irmãos, não considero que eu mesmo o haja alcançado, porém uma coisa faço, esquecendo as coisas que ficam para trás, e estendendo-me às que estão adiante, sigo correndo até a meta, até o prêmio do supremo chamamento de DEUS em CRISTO JESUS. ***Fp 3:13-14 - BTX***

Andareis após o SENHOR vosso Deus, e o temereis, e guardareis os seus mandamentos, e obedecereis à sua voz, e o servireis e vos apegareis a ele. ***Dt 13:4 - BKJ 1611***

OUTRAS GRANDES IDEIAS

O melhor da escola de Deus é que nós mesmos aprovamos o que fazemos. Ele não nos testa para saber qual é o nosso desempenho. Ele nos testa para que nós vejamos nosso próprio desempenho. ***Charles Swindoll***

Já que a correção é sempre difícil, se olharmos para Deus buscando aprender a lição, veremos os frutos espirituais. ***Vonette Bright***

Quando os erros são cometidos, Deus consegue usá-los para o nosso bem e para Sua glória. ***Ruth Bell Graham***

O homem sábio aprecia sua vida adequadamente em relação ao que se foi. Ele aprende a peneirar a areia do passado para encontrar as pequenas preciosidades que fazem o presente ter sentido. ***Grady Nutt***

Nosso Deus amoroso usa as dificuldades de nossas vidas para afastar o pecado do egoísmo e para edificar a fé e o poder espiritual. ***Bill Bright***

A verdadeira aprendizagem pode acontecer
a qualquer momento da ida e não precisa
necessariamente ser um requisito curricular.

—

Suzanne Dale Ezell

DIGAM À SUA FILHA: A VIDA É MAIS CURTA DO QUE VOCÊ IMAGINA. ENTÃO, FAÇA CADA DIA VALER A PENA.

Então, ensina-nos a numerar nossos dias, para que possamos aplicar nossos corações sábios. ***Sl 90:12 - BKJ 1611***

O tempo é um presente de Deus que não se renova. Mas, algumas vezes, todos nós – tanto pais quanto filhos – tratam o tempo na Terra como se não fosse um presente: nos sentimos tentados a investir nossas vidas em buscas dispensáveis e pequenas diversões. Em vez de fazermos o que precisa ser feito, nós procrastinamos. Ainda assim, nosso Pai nos mostra que há um chamado maior para cada um de nós.

Se querem ser pais responsáveis, vocês precisam ensinar sua filha a usar o tempo com responsabilidade. Afinal de contas, cada momento reserva o potencial para que algo de bom seja feito, para que uma boa palavra seja dita, para que se cumpra um dever pessoal ou para que se faça uma oração sincera.

O tempo é um artigo frágil: ou nós o usamos ou o perdemos. Portanto, o desafio da sua filha (e de vocês também) é usar esse presente com sabedoria. Não fazer isso é uma afronta ao Criador e uma receita para a desilusão.

O QUE MAIS A PALAVRA DE DEUS NOS DIZ

Pelo qual, havendo cingido os lombos de vosso entendimento, sede sóbrios, e tende vossa esperança posta por completo na graça que vos está sendo outorgada na revelação de JESUS CRISTO. ***1Pe 1:13 - BTX***

Quando fizeres algum voto a Deus, não tardes em pagá-lo; porque ele não se agrada de tolos; o que votares, paga-o. ***Ec 5:4 - BKJ 1611***

Se te enfraqueceres no dia da adversidade, tua força é pequena. ***Pv 24:10 - BKJ 1611***

Assim pois nós, como colaboradores, rogamos-vos que não recebais em vão a graça de DEUS (porque diz: Em tempo aceitável te tenho ouvido, E em dia de salvação te tenho socorrido: Eis aqui agora o tempo aceitável! Eis aqui agora o dia de salvação!) ***2Co 6:1-2 - BTX***

OUTRAS GRANDES IDEIAS

Deus tem uma vontade para a sua vida. Ela não é confusa nem muito exaustiva. Em meio a tantas boas escolhas disputando o seu tempo, Ele lhe dará o discernimento para reconhecer qual delas é a melhor. ***Beth Moore***

Havia exigências infinitas no tempo de Jesus. Ainda assim, Ele conseguia atender maravilhosamente à obra que Lhe deram para fazer (João 17:4). ***Elisabeth Elliot***

Nossa diversão e até mesmo nossos momentos de lazer exigem seriedade. Não há território neutro no universo: cada centímetro quadrado, cada milésimo de segundo é exigido por Deus e contra-argumentado por Satanás. ***C.S. Lewis***

Nosso tempo é curto! O tempo que podemos investir em nome de Deus, fazendo coisas criativas e aproximando nossos amigos de Cristo, é curto! ***Billy Graham***

A frustração não faz parte da vontade de Deus.
Há tempo para não fazer nada e tempo para fazer
tudo o que Ele quer que nós façamos.

–

Elisabeth Elliot

PONTOS IMPORTANTES:

Anotem pelo menos três coisas, que sua filha precisa saber, relacionadas ao aprendizado contínuo:

MOMENTO DE ORAÇÃO:

Escrevam uma oração para sua filha com base neste capítulo:

Senhor,

Amém

5ª Coisa que Eu Preciso dizer à Minha Filha

O OTIMISMO SATISFAZ, O PESSIMISMO NÃO

Porém se esperamos o que não vemos,
com paciência o aguardamos ansiosamente.

—
Romanos 8:25 (BTX)

CONVERSEM COM SUA FILHA SOBRE OTIMISMO

Vocês são cristãos otimistas, esperançosos e entusiasmados? Se não são, deveriam. Afinal de contas, como fiéis, vocês têm todos os motivos para serem otimistas em relação à vida na Terra e à vida eterna. Um clérigo inglês, William Ralph Inge, fez a seguinte observação: "Nenhum cristão deve ser pessimista, pois o cristianismo é um sistema extremamente otimista". As palavras de Inge são a mais pura verdade, mas algumas vezes vocês e seus entes queridos podem se sentir deprimidos pelas exigências e preocupações inevitáveis da vida na Terra. Se isso acontece, é hora de vocês fazerem esta pergunta a si mesmos: o que está me incomodando tanto e por quê?

Se vocês estão preocupados com os desafios que certamente surgem no cotidiano, Deus precisa ter uma conversa com vocês. Afinal, a maior batalha de todas já foi conquistada no Calvário e suas vidas foram transformadas pelo sacrifício de Cristo; portanto, vocês, como recebedores da graça de Deus, têm todos os motivos para viver corajosamente.

Vocês estão dispostos a confiar nos planos de Deus e a motivar sua filha a fazer o mesmo? Espero que sim, porque até mesmo quando os desafios parecem aterrorizantes, Deus permanece inabalável. E vocês devem fazer o mesmo.

Sendo assim, prometam a si mesmos e cumpram – jurem ser pais cheios de esperança. Pensem com otimismo sobre a vida, profissão, família, futuro e propósito na vida. Acreditem nas suas esperanças, e não nos seus medos. Separem um tempo para celebrar a gloriosa criação de Deus. E, então, depois que encherem seus corações de esperança e gratidão, compartilhem seu otimismo com cada familiar. Eles terão grandes benefícios com isso, assim como vocês.

Porque não nos há dado DEUS espírito de covardia, senão de poder, de amor e de domínio próprio.
(2Tm 1:7 - BTX)

CONVERSEM COM SUA FILHA SOBRE ESPERANÇA

A esperança que o mundo oferece é passageira e imperfeita. A esperança que Deus oferece é imutável, inabalável e infinita. Não é de se admirar que, quando buscamos segurança nas coisas do mundo, a nossa esperança rapidamente acaba. Mas com Deus, esse tipo de coisa nunca acontece.

Por termos sido salvos pelo Cristo ressuscitado, podemos ter esperança no futuro independentemente do quanto as circunstâncias pareçam problemáticas. Afinal de contas, Deus prometeu que estaremos com Ele por toda a eternidade e nos disse que devemos manter nossa confiança nele.

Todos nós, tanto pais quanto filhos, passaremos por desilusões e fracassos enquanto estivermos na Terra, mas são derrotas temporárias. É claro que este mundo é um lugar de provações e tribulações, mas quando depositamos nossa confiança no Criador de todas as maravilhas, ficamos protegidos. Deus nos prometeu paz, alegria e vida eterna, e Ele cumpre Suas promessas.

Vocês estão dispostos a entregar seu futuro nas mãos de um Deus amoroso e onisciente? Vocês enfrentarão os desafios com otimismo e esperança? Vocês motivarão sua filha a fazer o mesmo? Espero que vocês respondam a essas perguntas com um "sim" sonoro. Afinal de contas, Deus criou vocês e sua filha em nome de um propósito muito importante: o Seu propósito. E vocês ainda têm um trabalho muito importante a fazer: a Sua obra.

Então, hoje, à medida que vocês vivem o presente e olham para o futuro, lembrem-se de que Deus tem um plano para vocês e para sua filha, e cabe a vocês agir – e acreditar – na mesma proporção.

Sede de boa coragem, e ele fortalecerá vosso coração,
todos vós que esperais no SENHOR!
(Sl 31:24 - BKJ 1611)

Regozijando-vos na esperança, sofridos na
tribulação, perseverando na oração.
(Rm 12:12 - BTX)

O SENHOR é bom para aqueles que esperam nele,
para a alma que o busca. (Lm 3:25 - BKJ 1611)

DIGAM À SUA FILHA:
VOCÊ NUNCA DEVE PARAR DE ACREDITAR EM UM FUTURO MELHOR.

Porque certamente há um fim, e a tua expectativa não será cortada.
Pv 23:18 - BKJ 1611

Você pode aguardar ansiosamente com esperança, porque um dia não haverá mais separação, chagas e sofrimento na casa do meu Pai. É o lar dos seus sonhos! ***Anne Graham Lotz***

O futuro está diante de nós. Será ele apenas um pequeno avanço do que geralmente fazemos? Ou será um salto para altitudes de esforço e sucesso com as quais não se sonhava antes? ***Annie Armstrong***

Dê um lugar para os seus sonhos em suas orações e seus planos. Os sonhos concedidos por Deus podem o ajudar a viver o futuro que Ele está preparando para você. ***Barbara Johnson***

O cristão crê em um futuro fabuloso. ***Billy Graham***

Cada experiência que Deus nos dá e cada pessoa que Ele traz para nossas vidas faz parte da preparação perfeita do futuro que apenas Ele pode ver. ***Corrie Ten Boom***

Tenha coragem. Andamos no deserto hoje e na Terra Prometida amanhã. ***D.L. Moody***

Pode ser que o dia do juízo seja amanhã. Nesse caso, podemos de bom grado parar de trabalhar por um amanhã melhor, mas não antes disso. ***Dietrich Bonhoeffer***

Talvez nosso futuro pareça apreensivamente intimidador, mas, ainda assim, podemos buscar o Engenheiro do universo, confiantes de que nada escapa à Sua atenção ou foge ao controle de Suas fortes mãos. ***Elisabeth Elliot***

Todo santo tem um passado – todo pecador tem um futuro! ***Anônimo***

PONTOS IMPORTANTES:

Anotem pelo menos três coisas, que sua filha precisa saber, relacionadas ao otimismo e à esperança:

MOMENTO DE ORAÇÃO:

Escrevam uma oração para sua filha com base neste capítulo:

Senhor,

Amém

6ª Coisa que Eu Preciso dizer à Minha Filha

SE VOCÊ NÃO CELEBRAR A VIDA, NINGUÉM A CELEBRARÁ POR VOCÊ

Este é o dia que o SENHOR fez; nós nos regozijaremos, e nos alegraremos nele.

–

Salmos 118:24 (BKJ 1611)

CONVERSEM COM SUA FILHA SOBRE CELEBRAR A VIDA DO JEITO CERTO

O salmo 118 nos lembra que hoje, assim como qualquer outro dia, deve ser celebrado. Deus nos deu este dia; Ele o encheu com uma gama de possibilidades e nos desafiou a usá-las de acordo com Seus propósitos. O dia nos é concedido puro e novo à meia-noite gratuitamente, mas devemos ficar atentos: o hoje é um recurso não renovável – uma vez que se acaba, é para sempre. Nossa responsabilidade, obviamente, é usar este dia para atender à vontade de Deus e fazer isso conforme Seus mandamentos.

Se a sua filha é como a maioria das pessoas, às vezes ela deve sofrer com o cinismo e o pessimismo de nossa geração negativa. E quando isso acontecer, cabe a vocês fazê-la lembrar de que cada dia é um presente e que ela precisa valorizar o tempo concedido por Deus.

A vida cristã deve ser uma celebração triunfante, um exercício diário de ação de graças e louvor. Encorajem sua filha a celebrar, aproveitem o momento e celebrem também.

Regozijai-vos no Senhor sempre! Outra vez o direi: Regozijai-vos! ***Fp 4:4 - BTX***

E Davi e toda a casa de Israel brincavam diante do SENHOR. ***2Sm 6:5 - BKJ 1611***

Como os dias em que os judeus tiveram descanso dos seus inimigos, e como o mês que se lhes mudou de tristeza em alegria, e de lamento e de luto em dia de festa para que os fizessem dias de banquetes e de júbilo, e enviassem porções uns aos outros, e presentes para os pobres. ***Et 9:22 - BKJ 1611***

E na dedicação da muralha de Jerusalém eles buscaram os levitas de todos os seus lugares, para trazê-los a Jerusalém, para celebrar a dedicação com alegria, com ações de graças, e com cânticos, com címbalos, saltérios e com harpas. ***Ne 12:27 - BKJ 1611***

Essas coisas vos tenho falado para que meu gozo esteja em vós, e vosso gozo seja completo. ***Jo 15:11 - BTX***

O QUE MAIS A PALAVRA DE DEUS NOS DIZ SOBRE A ALEGRIA

No demais, irmãos, regozijai-vos, procurai vossa perfeição, consolai-vos, tende um mesmo sentir, vivei em paz, e o DEUS de amor e de paz estará convosco. ***2Co 13:11 - BTX***

E Jacó disse: Não! Rogo-te, se agora encontrei graça aos teus olhos, então recebe meu presente da minha mão, porque eu vi a tua face, como se tivesse visto a face de Deus, e tu tiveste contentamento comigo. ***Gn 33:10 - BKJ 1611***

Fazei tudo sem murmurações nem discussões, para que sejais irrepreensíveis e sinceros, filhos de DEUS sem mancha em meio de uma geração perversa e depravada, entre os quais resplandeceis como luminares no mundo. ***Fp 2:14-15 - BTX***

Cada um dê como se propôs em se coração; não com tristeza ou por obrigação, porque DEUS ama ao doador alegre. ***2Co 9:7 - BTX***

OUTRAS GRANDES IDEIAS

Segundo Jesus, é da vontade de Deus que Seus filhos sejam cheios da alegria da vida. ***Catherine Marshall***

Se você consegue perdoar a pessoa que você era, aceitar a pessoa que você é e acreditar na pessoa que você se tornará, você é conduzido à alegria. Portanto, celebre a vida. ***Barbara Johnson***

A alegria não vem das circunstâncias felizes, da educação ou dos talentos, e sim de um relacionamento saudável com Deus e da decisão de amá-Lo acima de tudo. ***Barbara Johnson***

Deus sabe de tudo. Ele pode controlar tudo e Ele nos ama. Certamente isso é o bastante para a plenitude da alegria, que vai além das palavras. ***Hannah Whitall Smith***

Alegria é coisa séria no céu. ***Lewis***

Dê a si mesmo um presente hoje: esteja consigo mesmo, assim como Deus está. Desfrute da sua própria personalidade, assim como Deus desfruta. ***Barbara Johnson***

Cristo é o segredo, a fonte, a essência, o centro e a circunferência de toda a verdade e alegria eterna. ***Mrs. Charles E. Cowman***

Quando o sonho do nosso coração é o que Deus plantou lá, uma felicidade estranha surge em nós. Naquele momento, todos os recursos espirituais do universo são liberados para nos ajudar. Nossa oração torna-se uma só com a vontade de Deus e se transforma em um canal dos propósitos do Criador para nós e para o nosso mundo. ***Catherine Marshall***

Qual é o seu foco hoje? A alegria surge quando é Jesus em primeiro lugar, os outros em segundo... e, depois, você.

–

Kay Arthur

PONTOS IMPORTANTES:

Anotem pelo menos três coisas, que sua filha precisa saber, relacionadas à alegria:

MOMENTO DE ORAÇÃO:

Escrevam uma oração para sua filha com base neste capítulo:

Senhor,

Amém

7ª Coisa que Eu Preciso dizer à Minha Filha

JÁ QUE O ORGULHO GERALMENTE ANTECEDE A QUEDA, SEJA HUMILDE

Humilhai-vos, pois, debaixo da poderosa mão de DEUS, para que vos exalte a seu tempo; lançando toda vossa ansiedade sobre Ele, porque Ele tem cuidado de vós.

–

1 Pedro 5:6-7 (BTX)

CONVERSEM COM SUA FILHA SOBRE HUMILDADE

A Palavra de Deus claramente nos ensina a ser humildes, e isso é bom porque, como seres humanos que falham, precisamos muito mesmo ser humildes. Além disso, Deus promete abençoar os humildes e corrigir os orgulhosos. Então, por que os seres humanos são tão cheios de si? A resposta, claro, é que, se formos honestos conosco mesmos e com Deus, simplesmente não conseguiremos ser orgulhosos; devemos ser eternamente gratos e muito humildes, ainda que, na maioria dos casos, a humildade não seja um traço peculiar de nossa natureza.

Muitos de nós, adultos e crianças, somos mais do que propensos a superestimar nossas próprias realizações. Somos tentados a dizer: "Vejam como eu sou maravilhoso!"... na esperança de que o mundo concorde com os elogios que fazemos a nós mesmos. Mas as pessoas que se deixam levar pelo pecado do orgulho precisam saber – Deus definitivamente não fica impressionado com esse tipo de afirmações.

Deus honra a humildade... e Ele recompensa aqueles que humildemente O servem. Portanto, se vocês conquistaram a sabedoria da humildade e se querem ensinar sua filha a fazer o mesmo, vocês merecem os parabéns. Mas se ainda não superaram a tendência de superestimar suas próprias realizações ou se a sua filha se impressiona demais com seus próprios feitos, Deus ainda tem algumas lições importantes (e talvez dolorosas) para ensinar – lições sobre a humildade que vocês e seus entes queridos precisam aprender a ter.

Nada façais por rivalidade nem por vanglória, senão com humildade, considerando-vos uns aos outros como superiores a vós mesmos. (Fp 2:3 - BTX)

O QUE MAIS A PALAVRA DE DEUS NOS DIZ SOBRE LOUVAR A DEUS COMO ELE MERECE

Louvai o SENHOR, todas vós nações, louvai-o todos vós povos. Pois a sua benignidade misericordiosa é grande para conosco, e a verdade do SENHOR dura para sempre. Louvai ao SENHOR. ***Sl 117 - BKJ 1611***

Mas eu esperarei continuamente, e te louvarei mais e mais. ***Sl 71:14 - BKJ 1611***

Para que no nome de JESUS se dobre todo joelho dos que estão nos céus, e na terra, e debaixo da terra, e toda língua confesse que JESUS CRISTO é Senhor, para glória de DEUS Pai. ***Fp 2:10-11 - BTX***

Entrai em seus portões com ações de graças, e em seus átrios com louvores; sede gratos a ele, e bendizei o seu nome. Pois o SENHOR é bom; sua misericórdia é eterna; e sua verdade dura para todas as gerações. ***Sl 100:4-5 - BKJ 1611***

Igualmente, jovens! Sede dóceis aos anciãos,
e todos, uns para com os outros,
revesti-vos de humildade,
porque: DEUS resiste aos soberbos
e dá graça aos humildes.

–

1 Pedro 5:5 (BTX)

OUTRAS GRANDES IDEIAS

Se você sabe quem você é em Cristo, seu ego não é problema. ***Beth Moore***

Jesus tinha um coração humilde. Se Ele habitar em nós, o orgulho nunca dominará nossas vidas. ***Billy Graham***

É por isso que eu amo servir a Deus. Em Seus olhos, não há pessoas pequenas... porque não há pessoas grandes. Todos estamos no mesmo lugar. Todos começamos da estaca zero. Ninguém é melhor do que o outro e ninguém tem vantagens injustas. ***Joni Eareckson Tada***

A maior característica do santo é a humildade. ***Oswald Chambers***

Sinta e acredite no amor de Cristo em seu coração e esse sentimento fará de você uma pessoa humilde. ***C.H. Spurgeon***

Somos mais fortes quando admitimos nossas fraquezas. ***Beth Moore***

Nunca sabemos, pelo menos não antes de muito tempo, por que alguém foi escolhido para determinado cargo. E quando descobrimos, isso geralmente acontece por uma razão que não permite vaidades. ***C.S. Lewis***

Que alguns dos meus hinos foram ditados pelo Espírito Santo eu não tenho dúvida; e que outros foram resultado de meditação, eu sei que é verdade; mas dizer que o poeta tem algum direito de exigir mérito próprio é certamente presunçoso. ***Fanny Crosby***

Devemos permanecer em silêncio em relação a toda ternura e às boas ações. Isso nos encherá de poder. ***Catherine Marshall***

PONTOS IMPORTANTES:

Anotem pelo menos três coisas, que sua filha precisa saber, relacionadas à humildade:

MOMENTO DE ORAÇÃO:

Escrevam uma oração para sua filha com base neste capítulo:

Senhor,

Amém

8ª Coisa que Eu Preciso Dizer à Minha Filha

RESPEITO É BOM; PORTANTO, TRATE A TODOS COMO VOCÊ GOSTARIA DE SER TRATADA

Assim que,
tudo quanto queirais que vos façam os homens,
assim também lhes fazei vós,
porque esta é a lei e os profetas.

–

Mateus 7:12 (BTX)

CONVERSEM COM SUA FILHA SOBRE BONDADE

No mundo inteiro, os pais que amam seus filhos ensinam a mesma lição: bondade. E Cristo nos ensinou essa mesma lição quando proferiu as palavras de Mateus 7:12.

A Bíblia nos ensina a ser gentis e compassivos – e a Palavra de Deus promete que, quando seguirmos Suas instruções, seremos abençoados. Mas, algumas vezes, nós falhamos. Em algumas situações, em meio à confusão do trabalho e do cotidiano, deixamos de compartilhar uma palavra ou de fazer uma ação bondosa. Esse erro magoa outras pessoas, assim como a nós mesmos.

A Ética de Reciprocidade nos manda tratar os outros como gostaríamos de ser tratados. Quando colocamos bondade em nossas vidas, glorificamos Aquele que deu Sua vida por nós.

Sua filha está crescendo em uma sociedade cética que muitas vezes parece concentrar-se no ego e na autossuficiência. Ainda assim, a Palavra de Deus nos admoesta para que não nos apeguemos demais ao mundo, e essa admoestação se aplica tanto à sua filha quanto a vocês.

Sendo assim, diminuam seu ritmo hoje e prestem atenção naqueles que precisam de um sorriso, de uma palavra bondosa ou de um ombro amigo. Encorajem sua filha a fazer o mesmo – encorajem-na a fazer da bondade o elemento fundamental no relacionamento dela com os outros. Quando isso acontecer, ela descobrirá que a vida é muito melhor quando tratamos os outros como gostaríamos de ser tratados se estivéssemos no lugar deles.

Em conclusão, sede todos de um mesmo sentir, compassivos, amando-vos como irmãos, misericordiosos, humildes. (1Pe 3:8 - BTX)

E o Senhor vos quer fazer crescer e abundar no amor uns para com os outros, e para com todos, assim como nós também para convosco. (1Ts 3:12 - BTX)

Sede benevolentes uns com os outros, compassivos, perdoando-vos uns aos outros como também DEUS vos perdoou em CRISTO. (Ef 4:32 - BTX)

O que mais a Palavra de Deus nos diz sobre generosidade

Cada um dê como se propôs em se coração; não com tristeza ou por obrigação, porque DEUS ama ao doador alegre. ***2Co 9:7 - BTX***

Amado, fielmente ages no que fazes pelos irmãos, sobretudo pelos forasteiros. ***3Jo 1:5 - BTX***

Em tudo vos mostrei que, trabalhando assim, é necessário socorrer aos fracos, e recordar as palavras do Senhor JESUS, pois Ele mesmo disse: Mais bem-aventurado é dar que receber. ***At 20:35 - BTX***

E se um irmão ou uma irmã andam pobremente vestidos e carecem do sustento diário, e algum de vós lhes diz: Ide em paz, aquecei-vos e saciai-vos! Porém não lhes dais as coisas necessárias para o corpo, qual é o proveito? ***Tg 2:15-16 - BTX***

Outras grandes ideias

Uma das compensações mais belas da vida é a de que ninguém pode tentar ajudar o outro sem se ajudar. ***Barbara Johnson***

As escolhas podem mudar profundamente nossas vidas. A escolha de reatar um relacionamento acabado, de dizer "sim" a uma tarefa difícil, de deixar o trabalho de lado para brincar com uma criança, de visitar alguma pessoa esquecida – essas pequenas escolhas podem interferir eternamente em muitas vidas. ***Gloria Gaither***

A sua luz é a verdade do próprio Evangelho, assim como seu testemunho sobre quem é Jesus e sobre o que Ele fez por você. Não a esconda. ***Anne Graham Lotz***

Ao compartilhar o Evangelho, talvez você seja o único Jesus que alguém já tenha encontrado. Seja verdadeiro e envolva-se com as pessoas. ***Barbara Johnson***

É IMPORTANTE SERVIR

Se vocês e os seus familiares buscarem verdadeiramente descobrir quais são as prioridades de Deus para suas vidas, vocês precisarão fazer esta pergunta a si mesmos: "Como Deus quer nos ver servindo ao próximo?" E tenham a certeza de uma coisa: o serviço ao próximo é parte integrante do plano que Deus tem para suas vidas, um plano que o Criador quer que vocês concedam à sua filha.

Cristo foi o maior servo, o Salvador que deu Sua vida pela humanidade. Como Seus seguidores, nós também temos que ser servos humildes. Como cristãos, somos clara e repetidamente instruídos a ajudar os necessitados. Mas como seres humanos fracos, algumas vezes nós falhamos ao nos vangloriar e superestimar nossas realizações. Jesus nos manda fazer o contrário. Ele nos ensina que os homens e mulheres mais estimados não são líderes autossuficientes da sociedade, mas, pelo contrário, são os servos mais humildes.

Os seus familiares estão dispostos a arregaçar as mangas e se tornar servos humildes de Cristo? Vocês estão dispostos a fazer sua parte a fim de tornar o mundo um lugar melhor? Vocês estão dispostos a servir a Deus agora e a acreditar que Ele os abençoará depois? A resposta para essas perguntas determinará a direção de suas vidas e a qualidade do seu serviço.

Como membros da família de Deus, devemos servir ao próximo silenciosamente e sem chamar atenção. Devemos reconhecer as necessidades e atendê-las. Precisamos estender nossas mãos e compartilhar palavras bondosas com humildade no coração e louvor nos lábios. E devemos nos lembrar de que, toda vez que ajudamos alguém que precisa, estamos servindo ao nosso Salvador... o que, a propósito, é exatamente o que precisamos fazer.

Se eles o obedecerem e o servirem, passarão seus dias em prosperidade, e os seus anos em prazeres. (Jó 36:11 - BKJ 1611)

Devemos fazer as obras do que me enviou enquanto é de dia, porque vem a noite, quando ninguém pode trabalhar. (Jo 9:4 - BTX)

Servi ao SENHOR com alegria: vinde diante da sua presença com cantos. (Sl 100:2 - BKJ 1611)

Outras grandes ideias

Deus quer que nós O sirvamos com um espírito desejoso; um espírito que não faria outra coisa a não ser servi-Lo. ***Beth Moore***

Neste exato lugar onde Deus nos colocou, independentemente de nossas limitações, seja lá qual for o tipo de trabalho a ser feito, devemos servir ao Senhor Jesus Cristo. ***Elisabeth Elliot***

Tantas vezes nós dizemos que não podemos servir a Deus, porque não somos o que é preciso ser. Não somos talentosos ou inteligentes o bastante. Mas se você fez uma aliança com Jesus Cristo, Ele é responsável por encobrir suas fraquezas e por ser a sua força. Ele trocará os seus defeitos por Suas habilidades! ***Kay Arthur***

Se você quer descobrir seus dons espirituais, comece obedecendo a Deus. Ao servi-Lo, você perceberá que Ele já lhe deu os dons necessários para seguir em obediência. ***Anne Graham Lotz***

PONTOS IMPORTANTES:

Anotem pelo menos três coisas, que sua filha precisa saber, relacionadas a ser bom e útil:

MOMENTO DE ORAÇÃO:

Escrevam uma oração para sua filha com base neste capítulo:

Senhor,

Amém

O TRABALHO ÁRDUO EXIGE GRANDES ATITUDES; PORTANTO, A HORA DE COMEÇAR É AGORA

Devemos fazer as obras do que me enviou
enquanto é de dia, porque vem a noite,
quando ninguém pode trabalhar.

—

João 9:4 (BTX)

CONVERSEM COM SUA FILHA SOBRE TRABALHO

Sua filha tem o hábito de fazer as coisas no tempo certo ou ela deixa para fazer o que é importante no último minuto? A resposta dessa simples pergunta ajudará a determinar como ela se sai na escola, como será seu desempenho no trabalho e o quanto de satisfação ela obterá durante a jornada.

A Palavra de Deus nos mostra o valor do trabalho duro. Em sua Segunda Carta aos Tessalonicenses, Paulo admoesta: "Se alguém não quiser trabalhar, também não coma" (3:10). E o livro de Provérbios proclama: "Quem relaxa em seu trabalho é irmão do que o destrói" (18:9). Em suma, Deus criou um mundo no qual a diligência é recompensada e a preguiça não. E, como pais, cabe a vocês transmitir essa mensagem à sua filha por meio de palavras e exemplos (principalmente de exemplos).

Sua filha, sem dúvida, terá inúmeras oportunidades para realizar grandes feitos – mas ela não deve esperar que as grandes recompensas da vida cheguem em uma bandeja de prata. Pelo contrário, ela deve orar como se tudo dependesse de Deus e trabalhar como se tudo dependesse dela mesma. Quando isso acontecer, ela com certeza poderá esperar grandes recompensas.

Quanto façais, fazei-o de coração, como para o Senhor, e não para os homens. (Cl 3:23 - BTX)

O que mais a Palavra de Deus nos diz sobre sucesso

Paz, paz seja contigo, e paz seja com os teus ajudadores; porque o teu Deus te ajuda. ***1Cr 12:18 - BKJ 1611***

Portanto, sede fortes, e não fraquejem as vossas mãos; porque a vossa obra será recompensada. ***2Cr 15:7 - BKJ 1611***

Não nos cansemos, pois, de fazer o bem, que no tempo assinalado colheremos, se não desfalecemos. ***Gl 6:9 - BTX***

Porque tendes necessidade da paciência, para que havendo feito a vontade de DEUS, obtenhais a promessa. ***Hb 10:36 - BTX***

Aquele que lida sabiamente com um assunto encontrará o bem, e o que confia no SENHOR, feliz é ele. ***Pv 16:20 - BKJ 1611***

E em toda obra que ele começou no serviço da casa de Deus, e na lei, e nos mandamentos, para buscar o seu Deus, ele o fez de todo o seu coração, e prosperou. ***2Cr 31:21 - BKJ 1611***

Outras grandes ideias

O trabalho corriqueiro, que a maioria de nós faz a maior parte do tempo, é tão ordenado por Deus quanto o trabalho mais complexo. ***Elisabeth Elliot***

Não se pode subir na escada da vida com as mãos no bolso. ***Barbara Johnson***

A maior satisfação e alívio vêm quando buscamos as prioridades de Deus para cada momento das nossas vidas, escolhendo qual é a "melhor" dentre tantas oportunidades nobres e concentrando nossa energia nelas. ***Beth Moore***

Se você honra a Deus com seu trabalho, Ele o honrará por causa do seu trabalho. ***Marie T. Freeman***

Poucas coisas despertam tanto o compromisso de alguém quanto a dedicação à excelência. ***John Maxwell***

Dê graças a Deus a cada manhã por você ter algo para fazer quando se levanta, goste você ou não. O trabalho traz centenas de virtudes que a preguiça nunca conhecerá.

–

Charles Kingsley

CONVERSEM COM SUA FILHA SOBRE COMO ORGANIZAR O TEMPO

O tempo é um presente de Deus que não se renova. Mas algumas vezes, todos nós – tanto pais quanto filhos – tratam o tempo na Terra como se não fosse um presente: nos sentimos tentados a investir nossas vidas em buscas dispensáveis e pequenas diversões. Em vez de fazermos o que precisa ser feito, nós procrastinamos. Ainda assim, nosso Pai nos mostra que há um chamado maior para cada um de nós.

Se querem ser pais responsáveis, vocês precisam ensinar sua filha a usar o tempo com responsabilidade. Afinal de contas, cada momento reserva o potencial para que algo de bom seja feito, para que uma boa palavra seja dita, para que se cumpra um dever pessoal ou para que se faça uma oração sincera.

O tempo é um artigo frágil: ou nós o usamos ou o perdemos. Então, o desafio da sua filha (e de vocês também) é usar esse presente com sabedoria. Não fazer isso é uma afronta ao Criador e uma receita para a desilusão.

Tudo quanto tua mão encontrar para fazer, faze-o conforme as tuas forças...

–

Eclesiastes 9:10 (BKJ 1611)

DIGAM À SUA FILHA:
AS OPORTUNIDADES ESTÃO EM TODO LUGAR; ENTÃO, MANTENHA SEU CORAÇÃOE SEUS OLHOS ABERTOS.

Assim que, enquanto temos oportunidade, façamos o bem a todos, especialmente aos familiares da fé. ***Gl 6:10 - BTX***

Por termos sido salvos pelo Cristo ressuscitado, podemos ter esperança no futuro independentemente do quanto as circunstâncias pareçam problemáticas. Afinal de contas, Deus prometeu que estaremos com Ele por toda a eternidade, e Ele nos disse que devemos manter nossa confiança nele.

Certamente nós sofreremos com desilusões e fracassos enquanto estivermos na Terra, mas são derrotas temporárias. É claro que este mundo é um lugar de provações e tribulações, mas quando depositamos nossa confiança no Criador de todas as maravilhas, ficamos protegidos. Deus nos prometeu paz, alegria e vida eterna, e Ele cumpre Suas promessas.

Mesmo que não percebam, as oportunidades estão circulando em torno de você e de sua família, como as estrelas que surgem à noite: lindas de se ver, mas muitas para se contar. Ainda assim, talvez vocês estejam preocupados demais com os desafios cotidianos para notar essas oportunidades. Por isso, vocês devem diminuir o ritmo ocasionalmente, respirar fundo e concentrar seus pensamentos em duas coisas: nos talentos e oportunidades que Deus colocou diante de vocês e dos seus entes queridos. Ele está levando vocês e a sua família ao encontro dessas oportunidades. Sua tarefa é observar atentamente, orar fervorosamente e agir corretamente.

Mostrar-me-ás a vereda da vida; na tua presença há plenitude de alegria; à tua mão direita há prazeres para sempre.
Sl 16:11 - BKJ 1611

Porque eu sei os pensamentos que tenho sobre vós, diz o SENHOR, pensamentos de paz, e não de mal, para vos dar o fim que esperais. Então me invocareis, e ireis, e orareis a mim, e eu vos escutarei.
Jr 29:11-12 - BKJ 1611

E olhando-os, JESUS, disse-lhes: Entre homens isto é impossível, mas junto a DEUS, todas as coisas são possíveis. ***Mt 19:26 - BTX***

Porque não nos há dado DEUS espírito de covardia, senão de poder, de amor e de domínio próprio. ***2Tm 1:7 - BTX***

Tudo posso no que me fortalece! ***Fp 4:13 - BTX***

OUTRAS GRANDES IDEIAS

A vida é uma oportunidade gloriosa. ***Billy Graham***

Todos nós nos deparamos com uma série de grandes oportunidades, disfarçadas brilhantemente de problemas impossíveis de resolver, ou melhor, impossíveis sem a sabedoria de Deus. ***Charles Swindoll***

Cada dia que vivemos é um presente inestimável de Deus, cheio de possibilidades de se aprender algo novo e de ter novas percepções. ***Dale Evans Rogers***

Deus é especialista em coisas novas e de primeira mão. Seus planos para você este ano podem superar os do ano que passou. Ele está preparado para encher seus dias de motivos para você louvá-Lo. ***Joni Eareckson Tada***

Com a atitude certa e com disposição para pagar o preço, quase todo mundo consegue perseguir e alcançar qualquer oportunidade. ***John Maxwell***

Aquele que espera até que as circunstâncias favoreçam completamente sua empreitada nunca realizará nada. ***Martinho Lutero***

Não há limites para o que
Deus pode fazer conosco –
se estivermos dispostos.

–

Oswald Chambers

PONTOS IMPORTANTES:

Anotem pelo menos três coisas, que sua filha precisa saber, relacionadas ao trabalho duro e ao sucesso:

MOMENTO DE ORAÇÃO:

Escrevam uma oração para sua filha com base neste capítulo:

Senhor,

Amém

10ª Coisa que Eu Preciso dizer à Minha Filha

NÃO DEPENDA DA SORTE E, ENQUANTO VOCÊ ESTIVER COM ELA, NÃO TENTE GANHAR AS COISAS DE GRAÇA

Não sejais enganados, DEUS não é burlado,
pois o que o homem semear, isso também colherá.
Porque o que semeia para sua própria carne,
da carne colherá corrupção, porém o que semear para
o espírito, do Espírito colherá vida eterna.

–

Gálatas 6:7-8 (BTX)

CONVERSEM COM SUA FILHA SOBRE RESPONSABILIDADE

Agir com responsabilidade é muito difícil para os jovens, não é? Algumas vezes, quando eles estão em meio a papéis e modelos negativos sofrendo pressão dos colegas, pode ser muito mais difícil fazer o que é certo. Difícil, mas não impossível.

Ninguém precisa dizer o óbvio para sua filha: ela tem muitas responsabilidades – obrigações consigo mesma, com a família, com a cidade, com a escola e com o Criador. E qual desses deveres deve ter prioridade? A resposta encontra-se em Mateus 6:33: "Buscai, pois, primeiramente o reino e a justiça d'Ele, e todas estas coisas vos serão acrescentadas".

Quando a sua filha buscar "em primeiro lugar o Reino de Deus", todas as outras obrigações, de uma certa maneira, assumirão seus devidos lugares. E quando ela entender a importância de honrar a Deus com seu tempo, seus talentos e suas orações, ela estará muito mais inclinada a agir de forma responsável.

Então, façam um favor à sua filha: encorajem-na a levar todos seus deveres a sério, especialmente os deveres relacionados a Deus. Se seguir seu conselho, logo ela descobrirá que agradar ao Pai Celestial não é apenas o certo, é também o melhor jeito de se viver.

Assim que, cada um submeta à prova sua própria obra, e então poderá se jactar só em si mesmo, e não em outro; porque cada qual levará seu encargo.

–

Gálatas 6:4-5 (BTX)

O que mais a Palavra de Deus nos diz sobre fazer o que é certo

Portanto, eu vos julgarei, ó casa de Israel, cada um de acordo com os seus caminhos, diz o Senhor DEUS. ***Ez 18:30 - BKJ 1611***

Pelo qual, havendo cingido os lombos de vosso entendimento, sede sóbrios, e tende vossa esperança posta por completo na graça que vos está sendo outorgada na revelação de JESUS CRISTO; como filhos obedientes, não vos amoldando às antigas paixões que tínheis quando estáveis em vossa ignorância; senão, segundo o que vos chamou é santo, sede também vós santos em toda vossa maneira de viver. ***1Pe 1:13-15 - BTX***

Pelos reis e por todos os que estão em eminência, a fim de que possamos viver tranquila e sossegadamente, com toda piedade e dignidade. ***1Tm 2:2 - BTX***

Portanto, da maneira que recebestes a CRISTO JESUS o Senhor, vivei n'Ele. ***Cl 2:6 - BTX***

Outras grandes ideias

Jesus sabe que uma das maiores barreiras para a nossa fé muitas vezes é a falta de boa vontade para conquistar a plenitude – nossa falta de boa vontade para aceitar a responsabilidade – nossa falta de boa vontade para viver sem nos desculpar por nossa pequenez e imaturidade espiritual. ***Anne Graham Lotz***

Embora Deus faça tudo pelo bem de Seus filhos, Ele ainda nos responsabiliza por nosso comportamento. ***Kay Arthur***

Deus cuidará de tudo – o resto é com você. ***Lisa Whelchel***

A atitude não surge do pensamento, mas sim da prontidão para agir com responsabilidade. ***Dietrich Bonhoeffer***

Se formos fiéis, Ele também será fiel. ***Beth Moore***

Viver em uma caminhada espiritual
firme influencia profundamente
aqueles a quem mais amamos.

—

Vonette Bright

CONVERSEM COM SUA FILHA SOBRE USO DO DINHEIRO

Como pais, vocês sabem por experiência própria que criar uma filha é uma responsabilidade imensa. E um dos seus maiores deveres é ensiná-la a usar o dinheiro.

Se vocês querem mesmo ajudar sua filha a gastar e economizar dinheiro com seriedade, precisam ensinar isso dando exemplos. Afinal de contas, é muito mais fácil falar do que viver. Assim, sua filha aprenderá muito mais com suas atitudes do que com suas palavras. Portanto, lembrem-se de que, quando se trata de dinheiro, vocês não devem apenas dar exemplos; vocês são o exemplo. Quando ensinarem alguns princípios comuns sobre gastar e economizar para sua filha, não se esqueçam de que suas atitudes falarão muito mais alto do que suas palavras.

O mundo não protegerá sua filha das consequências dos gastos banais nem vocês devem protegê-la. Portanto, se ela gastar demais, não tentem livrá-la do problema muito rapidamente. Como pais, seu dever não é necessariamente proteger sua filha da dor, mas sim assegurar que ela aprendeu com as consequências de sua atitude.

Felizmente, os princípios básicos do uso do dinheiro não são muito difíceis de entender. Esses princípios podem ser resumidos em três passos simples:

1. Faça um orçamento e baseie-se nele, gastando menos do que a quantia que você ganha;
2. Economize e invista com sabedoria;
3. Dê uma parte justa para Deus.

Esses passos são tão diretos que até mesmo uma criança pode entendê-los; vocês não precisam ir a nenhum curso (ou palestra) de negócios para ensinar lições poderosas sobre fé e finanças. E isso é bom porque sua filha precisa do seu conselho e do seu bom exemplo… mas não necessariamente nessa ordem.

Vossa maneira de viver seja sem avareza de dinheiro, satisfeitos com as coisas que tendes, porque Ele disse: Não te deixarei nem te desampararei.
(Hb 13:5 - BTX)

Outras ideias sobre uso do dinheiro

Eis uma receita para usar o dinheiro com sabedoria: pegue uma porção generosa de bom senso, uma boa medida de disciplina e misture com oração. ***Marie T. Freeman***

Infelizmente, problemas de família e até mesmo financeiros raramente são o verdadeiro problema, mas são muitas vezes os sintomas de um sistema de valores fraco ou inexistente. ***Dave Ramsey***

Não há nada de errado em pedir direcionamento a Deus. Mas é errado seguir nosso próprio caminho e esperar que Ele nos resgate depois. ***Larry Burkett***

Não há como se aproximar de Deus sem ler Sua Palavra todos os dias. Ela é sua bússola, seu guia, e não se pode chegar a lugar nenhum sem ela. ***Stormie Omartian***

DIGAM À SUA FILHA: QUANTO MAIS RÁPIDO VOCÊ APRENDER A USAR O DINHEIRO, MELHOR. PORTANTO, VOCÊ PRECISA APRENDER A FAZER ISSO AGORA.

Os pensamentos do diligente tendem somente para a fartura, mas os de todo aquele que é apressado somente para a necessidade. ***Pv 21:5 - BKJ 1611***

Muitas vezes, nosso caráter corre mais risco na prosperidade do que na adversidade. ***Beth Moore***

Como administradores fiéis do que temos, nós não deveríamos pensar melhor em nossos excessos? ***Elisabeth Elliot***

É fácil determinar a importância que o dinheiro tem nos planos de Deus; basta ver a abundância de passagens bíblicas que falam sobre ele – mais de setecentos versículos se referem diretamente ao seu uso. ***Larry Burkett***

PONTOS IMPORTANTES:

Anotem pelo menos três coisas, que sua filha precisa saber, relacionadas à responsabilidade (pessoal e financeira):

MOMENTO DE ORAÇÃO:

Escrevam uma oração para sua filha com base neste capítulo:

Senhor,

Amém

É IMPORTANTE SABER QUANDO NÃO SE DEVE DESISTIR

Porque um homem justo cai sete vezes,
e se levanta novamente,
mas os perversos cairão no mal.

–

Provérbios 24:16 (BKJ 1611)

CONVERSEM COM SUA FILHA SOBRE PERSEVERANÇA

Ao seguir sua jornada na vida, sem dúvida sua filha passará por decepções, desvios, armadilhas e fracassos. Sempre que chegar a um desses caminhos sem saída, ela passará por um teste de caráter. Portanto, a questão não é o teste, e sim a reação que ela terá.

Há um velho ditado tão verdadeiro hoje quanto na época em que foi escrito: "A vida é uma maratona, e não apenas uma corrida". Por isso os viajantes sábios escolhem o companheiro de viagem que nunca se cansa e hesita. Esse parceiro, obviamente, é Deus.

Da próxima vez que a coragem da sua filha for testada até o limite, façam-na lembrar de que Deus está sempre por perto e de que o Criador concede força e conforto àqueles que são sábios o bastante para pedir. O dever da sua filha, claro, é pedir.

Deus faz tudo em Seu próprio tempo, e algumas vezes Ele responderá às orações de Sua filha com o silêncio. Mas se ela permanecer firme, logo se surpreenderá com as formas criativas pelas quais Deus ajuda os fiéis determinados que têm sabedoria e coragem para perseverar.

Não nos cansemos, pois, de fazer o bem, que no tempo assinalado colheremos, se não desfalecemos.
(Gl 6:9 - BTX)

O QUE MAIS A PALAVRA DE DEUS NOS DIZ SOBRE PACIÊNCIA

Irmãos, também vos rogamos: Admoestai os desordenados, animai os desanimados, dedicai-vos aos fracos, sede pacientes com todos. ***1Ts 5:14 - BTX***

Eu, pois, o prisioneiro do Senhor, exorto-vos a andar como é digno do chamamento com que fostes chamados, com toda humildade e mansidão, com paciência, suportando-vos uns aos outros em amor. ***Ef 4:1-2 - BTX***

Pelo qual nós também, tendo ao nosso redor uma tão grande nuvem de testemunhas, havendo nos desprendido de todo peso, e do pecado que nos assedia, corramos com paciência a carreira que nos é posta adiante. ***Hb 12:1 - BTX***

Espera no SENHOR; sê de boa coragem, e ele fortalecerá o teu coração; espera, eu digo, no SENHOR. ***Sl 27:14 - BKJ 1611***

OUTRAS GRANDES IDEIAS

As batalhas são vencidas nas trincheiras, com o grito de determinação dos corajosos; elas são vencidas todos os dias nas arenas da vida. ***Charles Swindoll***

Você não consegue perseverar sem tribulações na vida. Não pode haver vitórias sem batalhas; não pode haver cumes sem vales. Se você quer as bênçãos, deve estar preparado para carregar o fardo e lutar na batalha. Deus tem de equilibrar privilégios e responsabilidades, bênçãos e fardos para que você não seja um filho egoísta e mimado. ***Warren Wiersbe***

A perseverança é mais do que paciência. É a paciência combinada com a segurança e a certeza de que o que queremos está prestes a acontecer. ***Oswald Chambers***

Foi com perseverança que o caramujo chegou à arca.
C.H. Spurgeon

Apenas o homem que segue irrestritamente o mandamento de Jesus deixa seu jugo sobre Ele, acha o fardo leve e recebe o poder para perseverar no caminho certo. ***Dietrich Bonhoeffer***

O fracasso é um dos ensinamentos mais poderosos da vida. O modo com o qual lidamos com ele determina se vamos "nos virar" ou se vamos "seguir em frente" na vida. ***Beth Moore***

Você é cristão? Se sua resposta for sim, como você consegue ficar sem esperança? Você está deprimido pelo tamanho dos seus problemas a ponto de desistir de toda a esperança? Em vez de desistir, você consegue pacientemente perseverar? Você se concentraria em Cristo a ponto de olhar apenas para Ele e de se ajoelhar diante dele? ***Anne Graham Lotz***

Todos nós estamos a caminho de algum lugar. Chegaremos lá se continuarmos andando. ***Barbara Johnson***

Não desista. Se fizer isso,
talvez você não ouça a
resposta para as suas orações.

–

Max Lucado

PONTOS IMPORTANTES:

Anotem pelo menos três coisas, que sua filha precisa saber, relacionadas à persistência:

MOMENTO DE ORAÇÃO:

Escrevam uma oração para sua filha com base neste capítulo:

Senhor,

Amém

12ª Coisa que Eu Preciso dizer à Minha Filha

VOCÊ PODE E DEVE CONTROLAR O RUMO DOS SEUS PENSAMENTOS

No demais, irmãos, tudo o que é verdadeiro, tudo o honorável, tudo o justo, tudo o puro, tudo o amável, tudo o que é de boa reputação; se há alguma virtude, se há algo digno de louvor, considerai estas coisas.

–

Filipenses 4:8 (BTX)

CONVERSEM COM SUA FILHA SOBRE PENSAMENTO POSITIVO

Vocês prestam atenção suficiente à qualidade dos seus pensamentos? E vocês ensinam sua filha a fazer o mesmo? Espera-se que sim, porque a qualidade dos seus pensamentos ajudará a determinar a qualidade de suas vidas.

Nossa sociedade se concentra – e muitas vezes exalta – os aspectos negativos da vida. Portanto, vocês e sua filha serão bombardeados com mensagens – algumas sutis e outras nem tanto – que os encorajam a pensar com cinismo em sua situação, seu mundo e sua fé. Mas Deus tem outros planos para vocês e sua filha.

Deus promete que aqueles que seguirem Seu Filho terão vida abundante (João 10:10). Consequentemente, cristianismo e pessimismo simplesmente não combinam. Então, se você acha que os seus pensamentos andam lado a lado com a negatividade, que parece ter invadido o seu mundo atribulado, é hora de se concentrar menos em seus desafios e mais nas bênçãos de Deus.

Deus quer que vocês e seus familiares vivam a experiência da abundância e da alegria, e não do cinismo e do negativismo. Portanto, hoje e todos os outros dias que virão, celebrem a vida que Deus lhes deu, colocando seus pensamentos em tudo que seja digno de louvor. E, enquanto estiverem fazendo isso, ensinem sua filha a fazer o mesmo. Depois disso, todos vocês descobrirão que os dons de Deus são simplesmente muito gloriosos e incontáveis.

Pensai nas coisas de cima, não nas da terra.
(Cl 3:2 - BTX)

Confia tuas obras ao SENHOR, e os teus pensamentos serão estabelecidos. (Pv 16:3 - BKJ 1611)

Irmãos, não sejais meninos no modo de pensar, antes sede meninos na malícia, porém sede maduros no modo de pensar. (1Co 14:20 - BTX)

Guarda o teu coração com toda a diligência, pois dele provém as questões da vida. (Pv 4:23 - BKJ 1611)

O QUE MAIS A PALAVRA DE DEUS NOS DIZ SOBRE BÊNÇÃOS DO SENHOR

Mostrar-me-ás a vereda da vida; na tua presença há plenitude de alegria; à tua mão direita há prazeres para sempre. ***Sl 16:11 - BKJ 1611***

E eu farei deles, e dos lugares ao redor sobre a minha colina, uma bênção; e farei com que a chuva desça na sua época; haverá chuvas de bênçãos. ***Ez 34:26 - BKJ 1611***

Porém isto lhes ordenei, dizendo: Obedecei minha voz e eu serei vosso Deus, e vós sereis meu povo; e andai em todos os caminhos que vos tenho ordenado, para que isto vos vá bem. ***Jr 7:23 - BKJ 1611***

O SENHOR te abençoe e te guarde. O SENHOR faça resplandecer o seu rosto sobre ti, e tenha misericórdia de ti. ***Nm 6:24-25 - BKJ 1611***

Bem-aventurado o varão que suporta a provação, porque ao ser aprovado, receberá a coroa da vida, que prometeu aos que o amam. ***Tg 1:12 - BTX***

OUTRAS GRANDES IDEIAS

Ocupa meus pensamentos com Teu louvor a partir de hoje.
Joni Eareckson Tada

Todas as maiores batalhas espirituais estão na alma.
Charles Stanley

A atitude é o pincel da alma; ela pode colorir qualquer situação.
Barbara Johnson

Seus pensamentos são o fator que determina os modelos nos quais você vive. Controle seus pensamentos e você controlará a direção da sua vida. ***Charles Stanley***

Já que dissemos "não" ao pecado por meio da fé, devemos, por meio dela, dizer "sim" a Deus e pensar nas alturas, onde Cristo está assentado. ***Vonette Bright***

Cuidado com as teologias usuais que reduzem os caminhos de Deus a uma fórmula fácil, que se diz capaz de manter nossa vida segura. Muitas vezes Deus faz o inexplicável para nos deixar de pé – e também de joelhos. ***Warren Wiersbe***

Eu me lembrei de um conceito importante que eu tinha esquecido antes: minha atitude – e não minha situação – era o que me fazia infeliz. ***Vonette Bright***

Chega de pensamentos imperfeitos. Chega de lembranças tristes. Chega de ignorância. Meu corpo remido terá uma mente remida. Quando você hoje projetar seus pensamentos em mim, verá o que é uma mente perfeita. ***Joni Eareckson Tada***

Nossos pensamentos são o alimento das nossas almas. Se pensarmos em coisas puras e amáveis, cresceremos puros e amáveis como elas; e o contrário é igualmente verdade.

Hannah Whitall Smith

PONTOS IMPORTANTES:

Anotem pelo menos três coisas, que sua filha precisa saber, relacionadas ao pensamento positivo:

MOMENTO DE ORAÇÃO:

Escrevam uma oração para sua filha com base neste capítulo:

Senhor,

Amém

13ª Coisa que Eu Preciso dizer à Minha Filha

JÁ QUE VOCÊ INEVITAVELMENTE SE PARECERÁ COM SEUS AMIGOS, ESCOLHA-OS COM SABEDORIA

Não vos deixeis enganar, as más companhias corrompem os bons costumes.

–

1 Coríntios 15:33 (BTX)

CONVERSEM COM SUA FILHA SOBRE PRESSÃO DOS COLEGAS

Esse tipo de pressão pode ser boa ou ruim para sua filha; isso vai depender dos colegas dela. Se eles a encorajam a fazer da integridade um hábito – se eles a motivam a seguir a vontade de Deus e a obedecer aos Seus mandamentos – sua filha estará sob a pressão positiva, e isso é bom.

Mas se ela se envolver com pessoas que a encorajam a fazer tolices, estará sob outro tipo de pressão. Se sua filha se sente pressionada a fazer ou dizer coisas que a afastem de Deus, ela está seguindo em direção aos problemas.

Ao falarem com sua filha sobre as diferenças entre a pressão boa e ruim, eis alguns pontos que merecem destaque:

1. A pressão dos colegas existe e sua filha passará por essa experiência;
2. Se os colegas de sua filha a encorajam a honrar a Deus e a se tornar uma pessoa melhor, a pressão deles é algo muito bom;
3. Se os colegas da sua filha a encorajam a ter um comportamento ruim, esse tipo de pressão é destrutivo;
4. Quando a pressão dos colegas se torna negativa, cabe à sua filha procurar novas amizades o quanto antes.

Resumindo, sua filha tem uma escolha: ela pode agradar a Deus em primeiro lugar ou pode cair na armadilha da pressão negativa dos colegas. A escolha é dela – assim como as consequências.

Aquele que anda com homens sábios será sábio, mas um companheiro de tolos será destruído.
(Pv 13:20 - BKJ 1611)

Porque agora, satisfaço a homens ou a DEUS?
Ou busco agradar a homens? Se ainda agradasse a homens, não seria escravo de CRISTO.
(Gl 1:10 - BTX)

Filho meu, se pecadores te seduzirem, não consintas.
(Pv 1:10 - BKJ 1611)

Outras grandes ideias

Você receberá inúmeras críticas por priorizar a vontade de Deus e não a dos homens... mas, olha, vale a pena. ***Beth Moore***

Se você escolheu despertar a paixão por Deus, você terá de escolher seus amigos com sabedoria. ***Lisa Bevere***

A comparação é a origem de todos os sentimentos de inferioridade. ***James Dobson***

Nós, como povo de Deus, não devemos apenas ficar longe do pecado e dos pecadores que nos atraem, mas precisamos ser como Deus e lamentar por esses pecados. ***Kay Arthur***

É impossível agradar a todos, mas não é impossível agradar a Deus. Portanto, tente agradá-Lo. ***Marie T. Freeman***

Os verdadeiros amigos sempre o encorajarão e desafiarão a caminhar de modo a agradar ao Senhor.

–

Lisa Bevere

Digam à sua filha: Quanto mais rápido você aprender que o caráter é importante, mais rápido você merecerá o respeito dos seus colegas e de si mesma.

Aquele que caminha corretamente, caminha seguro, mas aquele que perverte os seus caminhos ficará conhecido. ***Pv 10:9 - BKJ 1611***

Diz-se que nosso caráter se revela quando ninguém está nos olhando, e isso é uma grande verdade. Quando fazemos coisas que sabemos que são erradas, tentamos escondê-las de nossa família e dos amigos. Mas, mesmo que consigamos esconder nossos pecados do mundo, não conseguiremos fazê-lo com Deus.

Charles Swindoll disse uma vez: "Nada nos fala mais alto ou nos mostra mais poder do que uma vida íntegra". Os pais sábios concordam com isso.

A integridade é construída lentamente durante a vida. Ela é a soma de todas as decisões certas e de todas as palavras honestas; se baseia no trabalho justo e é moldada pelas virtudes da honestidade e da bondade. Ser íntegro é uma preciosidade – difícil de construir, mas fácil de arruinar.

Viver em integridade não é sempre o caminho mais fácil, especialmente para jovens como sua filha. Afinal de contas, ela vive em um mundo que apresenta várias tentações que a afastam do caminho de Deus. Portanto, como pais, seu dever é fazê-la se lembrar (sempre) de que quando for se deparar com o pecado, ela deverá ir – ou melhor, correr – na direção oposta. E a boa notícia é que, quando ela decidir andar todos os dias com Jesus, o caráter se desenvolverá sozinho e ela não precisará mais ficar apreensiva com quem, além de Deus, a estiver observando.

Como na água a face corresponde à face, assim também, o coração do homem ao homem. (Pv 27:19 - BKJ 1611)

E não só isso; senão que até nos gloriamos nas tribulações, sabendo que a tribulação produz paciência, e a paciência, caráter provado, e o caráter provado, esperança. (Rm 5:3-4 - BTX)

Mais vale a escolha de um bom nome do que grandes riquezas, e o favor amoroso é melhor do que a prata e o ouro. (Pv 22:1 - BKJ 1611)

O que mais a Palavra de Deus nos diz sobre verdade

Porque todo aquele que pratica coisas más, aborrece a Luz, e não vem à Luz, para que suas obras não sejam descobertas. Mas o que pratica a verdade vem à Luz, para que seja manifesto que suas obras têm sido feitas em DEUS. ***Jo 3:20-21 - BTX***

Tu mesmo procura com diligência estar presente ante DEUS aprovado, como um obreiro que não tem de que envergonhar-se, que separa retamente a Palavra da verdade. ***2Tm 2:15 - BTX***

Não tenho maior gozo que este: ouvir que meus filhos andam na Verdade. ***3Jo 1:4 - BTX***

Porém quando vier Aquele, o Espírito da Verdade, vos guiará em toda a verdade... ***Jo 16:13 - BTX***

E conhecereis a Verdade, e a Verdade vos fará livres. ***Jo 8:32 - BTX***

OUTRAS GRANDES IDEIAS

Há algo na experiência das grandes perdas que traz pureza de propósito e fortalece nosso caráter. ***Barbara Johnson***

Muitas vezes, nosso caráter corre mais risco na prosperidade do que na adversidade. ***Beth Moore***

Cada um de nós é a obra de arte especial de Deus. Por meio de nós, Ele ensina e inspira, Se apraze e encoraja, informa e revigora todos aqueles que estão em nossas vidas. Deus, o grande artista, tem maior interesse em expressar-se – mostrar Seus pensamentos e intenções – naquilo que Ele pinta em nosso caráter. ***Joni Eareckson Tada***

A integridade é o elemento que faz nossa vida se integrar. Devemos constantemente nos empenhar para manter nossa integridade intacta. Quando se perde a riqueza, nada é perdido; quando se perde a saúde, algo é perdido; quando se perde o caráter, tudo está perdido. ***Billy Graham***

CONVERSEM COM SUA FILHA SOBRE RESPEITO AO CORPO

Sua filha está inserida em uma sociedade cheia de tentações, ilusões e interpretações erradas sobre o sexo. Ela é bombardeada por imagens que valorizam o sexo fora do casamento. Na verdade, ela está sujeita a pressões diárias e problemas desconhecidos pelas gerações anteriores. Em quase todo lugar, ela se depara com a mensagem de que o sexo antes do casamento não tem nada demais e é algo a ser considerado como "diversão". Mas essa mensagem é uma mentira terrível que gera consequências trágicas.

Como pais cristãos, seu dever é ter a certeza de que sua filha entende que o sexo antes do casamento não é apenas errado, também é perigoso física, emocional e espiritualmente.

Felizmente, argumentar a favor da abstinência não é tão difícil se os pais estiverem dispostos a fazê-lo. Ainda assim, muitos pais se sentem desconfortáveis para conversar com seus filhos sobre assuntos relacionados ao sexo. Então, eles adiam essas discussões importantes e, às vezes, é tarde demais. Por favor, não cometam esse erro. Quando chegar o momento, sentem-se com sua filha, tenham uma conversa franca e expliquem os preceitos da abstinência.

A abstinência faz parte dos planos de Deus para as pessoas que não são casadas e ponto final. Mas não é só isso: a abstinência é o mais certo, sensato e seguro a se fazer, mesmo que não seja fácil, e por isso o apoio dos pais é tão importante.

Portanto, mãe e pai, reservem um momento, aliás, vários momentos, para conversar com sua filha sobre a sabedoria da espera. É uma escolha dela que terá um grande impacto em sua autoestima, em sua imagem, em seu crescimento espiritual e em seu futuro. Então, faça o que for possível para ajudá-la a escolher com sabedoria.

Não reine, pois, o pecado em vosso corpo mortal, para obedecer suas concupiscências. (Rm 6:12 - BTX)

Foge das paixões juvenis, segue após a justiça, a fé, o amor e a paz, com os que de coração puro invocam ao Senhor. (2Tm 2:22 - BTX)

Outras grandes ideias

Um cristão não deve denegrir seu corpo assim como um judeu não deve denegrir o templo. ***Warren Wiersbe***

Nosso corpo é um santuário portátil pelo qual vivenciamos diariamente a presença de Deus. ***Richard Foster***

Deus quer que você se entregue totalmente a Ele. Algumas pessoas usam o corpo de forma insensata, mas Deus quer o seu como um sacrifício santo. ***Warren Wiersbe***

Não ouvimos nenhum som de trombeta ou grande aplauso quando tomamos a decisão certa, apenas temos uma sensação tranquila de determinação e paz. ***Gloria Gaither***

Embora Deus faça tudo pelo bem de Seus filhos, Ele ainda nos responsabiliza por nosso comportamento. ***Kay Arthur***

PONTOS IMPORTANTES:

Anotem pelo menos três coisas, que sua filha precisa saber, relacionadas à pressão dos colegas:

MOMENTO DE ORAÇÃO:

Escrevam uma oração para sua filha com base neste capítulo:

Senhor,

Amém

14ª Coisa que Eu Preciso dizer à Minha Filha

OS BENS MATERIAIS NÃO SÃO TÃO IMPORTANTES QUANTO VOCÊ IMAGINA. TENDO O ESSENCIAL, AS OUTRAS COISAS NÃO FAZEM TANTA FALTA

Ninguém pode servir a dois senhores,
porque aborrecerá a um e amará o outro,
ou se apegará a um e menosprezará o outro.
Não podeis servir a DEUS e a Mamom.

–

Mateus 6:24 (BTX)

CONVERSEM COM SUA FILHA SOBRE MATERIALISMO

Sua filha vive em um mundo no qual os bens materiais muitas vezes são valorizados e, até mesmo, quase adorados. A mídia exalta os bens materiais acima de tudo, mas certamente Deus não faz isso. E cabe a vocês, como pais responsáveis, saberem se sua filha entende que o materialismo é uma armadilha espiritual que deve ser evitada a qualquer custo.

Martinho Lutero disse: "Eu tentei agarrar muitas coisas e as perdi. Mas ainda tenho as que entreguei nas mãos de Deus". Essas palavras se aplicam a todos nós. As riquezas deste mundo são passageiras; por outro lado, as espirituais são eternas.

Se vocês perceberem que se tornaram vítimas da preocupação com os bens materiais, tenham certeza de que sua família também está na mesma situação. Pois bem, o que significa "suficiente" para você? Essa é uma pergunta difícil para todos nós, mas a resposta é simples e direta: quando nossos bens materiais interferem no desejo de conhecer e servir a Deus, isso significa que temos muitos bens materiais e ponto.

Nas melhores fases de uma vida bem vivida, os bens materiais devem ficar em segundo plano. É claro que todos nós temos necessidades básicas, assim como nossas famílias, mas o excesso de bens materiais traz mais problema do que solução. Nossos verdadeiros bens não são deste mundo, e nunca seremos realmente ricos até que alcancemos a riqueza do espírito.

Portanto, se você e os membros de sua família estiverem sofrendo com as preocupações do mundo material, já é hora de rever suas prioridades e de acumular as riquezas que durarão para sempre – as espirituais.

Se fôsseis do mundo, o mundo amaria o seu;
mas como não sois do mundo, senão Eu vos elegi do
mundo, por isso o mundo vos aborrece.
(Jo 15:19 - BTX)

E lhes disse: Olhai e guardai-vos de toda avareza, porque ainda que alguém tenha mais que suficiente, sua vida não depende das posses que tem. ***Lc 12:15 - BTX***

Porque, o que aproveita ao homem ganhar todo o mundo e perder sua alma? 37 Pois, o que dará o homem por sua alma? ***Mc 8:36-37 - BTX***

Não acumuleis para vós tesouros na terra, onde traça e corrosão carcomem, e onde ladrões irrompem e roubam. Antes, acumuleis para vós tesouros no céu, onde nem traça nem corrosão carcomem, e onde ladrões não irrompem nem roubam; porque onde está teu tesouro, ali também estará teu coração. ***Mt 6:19-21 - BTX***

Aquele que confia nas suas riquezas cairá, mas os justos florescerão como um galho. ***Pv 11:28 - BKJ 1611***

Porque a maneira de pensar da carne é morte, porém a maneira de pensar do espírito é vida e paz. ***Rm 8:6 - BTX***

O que mais a Palavra de Deus nos diz sobre coisas terrenas

Ninguém se engane a si mesmo. Se algum entre vós pensa ser sábio no tempo presente, faça-se néscio para chegar a ser sábio. Porque a sabedoria deste mundo é necedade ante DEUS, pois está escrito: Ele prende os sábios na astúcia deles. ***1Co 3:18-19 - BTX***

Não ameis o mundo nem as coisas que há no mundo. Se alguém ama o mundo, o amor do Pai não está nele. ***1Jo 2:15 - BTX***

Porque todo o que há nascido de DEUS vence o mundo; e esta é a vitória que há vencido o mundo: nossa fé. ***1Jo 5:4 - BTX***

Uma religião pura e sem mácula diante do DEUS e Pai é esta: Visitar os órfãos e as viúvas em sua aflição, e guardar a si mesmo sem mancha do mundo. ***Tg 1:27 - BTX***

Outras grandes ideias

Quanto mais nos divertimos com os prazeres materiais, menos apreciamos a vida. ***Barbara Johnson***

Aquele que morre com muitos bens materiais… morre do mesmo jeito. ***Anônimo***

A cruz é concedida a todos os cristãos, e isso acontece a partir do chamado para o abandono de todas as coisas ligadas ao mundo. ***Dietrich Bonhoeffer***

A ganância é uma escravidão. Quanto mais temos, mais queremos – até a avareza nos consumir. ***Kay Arthur***

Por que o amor pelo ouro é maior do que o amor pelas almas? ***Lottie Moon***

Está se sentindo avarento? Ore sem economizar. ***Anônimo***

CONVERSEM COM SUA FILHA SOBRE APARÊNCIAS

Pelo fato de sua filha viver em uma sociedade muito concentrada nas aparências, ela se sentirá tentada a valorizar sempre o visual. Talvez ela se preocupe com o peso, com as roupas, com os cabelos ou com algum outro aspecto físico. Mas ela estará cometendo um grande erro ao concentrar-se nisso; um erro que vocês podem ajudar a reparar.

Como pais preocupados, cabe a vocês fazer sua filha se lembrar de que a maior obrigação que ela tem é agradar a Deus, e não aos amigos. Vocês devem lembrar que enquanto o mundo a vê pelas aparências, Deus a vê como ela realmente é, e Sua opinião é a única que importa de verdade.

Talvez vocês já tenham descoberto que poucas coisas no mundo são tão fúteis quanto "manter as aparências", mas sua filha pode não ter amadurecido o bastante para entender os perigos das tentativas de agradar às pessoas. Afinal de contas, a mídia tenta convencê-la de que a felicidade depende da cor do cabelo, das roupas que ela tem no armário ou do tamanho de seu vestido. Mas nada poderia estar mais distante da verdade.

Então, ao conversarem com sua filha, lembrem que ela precisa agradar antes a Deus, não à sociedade, nem aos colegas e nem aos amigos. Quando fizer isso, ela será abençoada hoje, amanhã e para sempre.

É importante pensar no tempo, no esforço,
no sacrifício, no compromisso e na atenção que
damos ao adquirir e acumular algo que é tão
insignificante na eternidade.

–

Anne Graham Lotz

PONTOS IMPORTANTES:

Anotem pelo menos três coisas, que sua filha precisa saber, relacionadas a ter a perspectiva certa quanto aos bens materiais:

MOMENTO DE ORAÇÃO:

Escrevam uma oração para sua filha com base neste capítulo:

Senhor,

Amém

15ª Coisa que Eu Preciso dizer à Minha Filha

O MUNDO ESTÁ CHEIO DE TENTAÇÕES QUE PODEM ARRUINAR SUA VIDA. PORTANTO, COMPORTE-SE ADEQUADAMENTE

Filho meu, se pecadores te seduzirem, não consintas.

–

Provérbios 1:10 (BKJ 1611)

CONVERSEM COM SUA FILHA SOBRE TENTAÇÃO

Pelo fato de o mundo estar cheio de tentações, sua filha irá se deparar com elas em todo lugar. O diabo está trabalhando muito nestes últimos dias, gerando decepções em mais lugares e de mais formas do que antes. Portanto, sua filha precisa permanecer vigilante. Como? Evitando esses lugares onde Satanás pode facilmente atacá-la e se armando com a Santa Palavra de Deus.

Depois de jejuar quarenta dias e noites no deserto, até mesmo Jesus foi tentado por Satanás. Cristo usou as Escrituras para repreender o diabo (Mateus 4:1-11), e nós devemos fazer o mesmo. A Bíblia nos concede um modelo perfeito para viver em justiça. Se consultarmos esse modelo todos os dias e seguirmos suas instruções atenciosamente, construiremos nossas vidas de acordo com o plano de Deus. E fazendo isso, estaremos salvos.

Sua filha vive em uma sociedade que a encoraja a "experimentar" muitas coisas perigosas para a saúde espiritual, mental e física. Trata-se de um mundo cheio de armadilhas e tentações feitas para corromper o caráter, destruir a saúde, sabotar os relacionamentos e descarrilhar o futuro. Seu dever, como pais responsáveis, é alertar sua filha sobre esses perigos... e fazer isso constantemente.

Não vos há sobrevindo nenhuma prova que não seja humana, porém fiel é DEUS, o qual não vos deixará ser provados mais do que podeis; antes bem, juntamente com a prova proverá também a saída, para que possais suportar. (1Co 10:13 - BTX)

O QUE MAIS A PALAVRA DE DEUS NOS DIZ SOBRE PROTEÇÃO CONTRA O MAL

Guarda o teu coração com toda a diligência, pois dele provém as questões da vida. ***Pv 4:23 - BKJ 1611***

E a paz de DEUS, que sobrepuja todo entendimento, guardará vossos corações e vossos pensamentos em CRISTO JESUS. ***Fp 4:7 - BTX***

E não vos adapteis a este mundo, senão sede transfigurados pela renovação da mente para que discirnais qual é a boa, agradável e perfeita vontade de DEUS. ***Rm 12:2 - BTX***

Sede, pois, dóceis a DEUS, e resisti ao Diabo, e se irá de vós. Acercai-vos a DEUS e Ele se acercará a vós! Limpai vossas mãos, ó pecadores, e purificai vossos corações, os que sois de dobre ânimo!. ***Tg 4:7-8 - BTX***

OUTRAS GRANDES IDEIAS

É mais fácil não cair em tentação do que sair dela. ***Rick Warren***

Há uma grande necessidade de obedecer absolutamente a Cristo. O diabo apela para a nossa teimosia e, quando permitirmos que essa teimosia governe nossas vidas, estamos, até certo ponto, dando vantagem para Satanás. ***Catherine Marshall***

A intimidade conquistada rápido demais é um dos sinais de sedução. ***Beth Moore***

Senhor, que alegria é saber que Teus poderes são muito maiores do que os do inimigo. ***Corrie Ten Boom***

A mentira é o plano de ataque do inimigo. ***Stormie Omartian***

Fuja da tentação sem deixar nenhum rastro. ***Barbara Johnson***

A Bíblia nos ensina que há um mandamento para quando nos depararmos com a tentação: Fuja! Livre-se dela, porque qualquer um que luta contra a luxúria usando suas próprias forças é condenado ao fracasso.

–

Dietrich Bonhoeffer

CONVERSEM COM SUA FILHA SOBRE VÍCIOS

Sua filha está inserida em uma sociedade que estimula o uso das drogas, do álcool, de cigarros e de outras substâncias viciantes. Por quê? A resposta se resume a uma palavra: dinheiro. A fórmula é simples; substâncias viciantes são grandes fontes de dinheiro. Portanto, os fornecedores (tanto de substâncias legais quanto ilegais) trabalham muito para que jovens como a sua filha consumam seus produtos. Já que os fabricantes precisam de novos consumidores porque os mais velhos estão morrendo (rapidamente), eles se engajam em uma luta sem barreiras para encontrar novos usuários – ou melhor, novas vítimas.

O dicionário define vício como “necessidade compulsiva de uma substância; condição de estar compulsivamente ocupado com algo”. Essa definição é exata, mas incompleta. Para os cristãos, o vício tem um significado a mais: significa adorar compulsivamente algo que não seja Deus.

Sua filha já deve ter conhecido jovens viciados, mas com a ajuda de Deus ela pode evitar esse destino. Para fazer isso, ela precisa aprender que as substâncias viciantes são, na verdade, venenos espirituais e emocionais. E ela deve evitar a tentação de experimentar tais substâncias. Se fizer isso, ela dispensará muitas dores de cabeça e decepções na vida.

DIGAM À SUA FILHA: OS VÍCIOS PODEM ARRUINAR SUA VIDA, E O JEITO MAIS FÁCIL DE ACABAR COM ELES É NUNCA COMEÇAR.

Não terás outros deuses diante de mim. ***Êx 20:3 - BKJ 1611***

Sede sóbrios, velai; vosso acusador, o Diabo anda como leão que ruge buscando a quem devorar. ***1Pe 5:8 - BTX***

Porque não temos um sumo sacerdote que não possa se compadecer de nossas debilidades, senão Um que em tudo há sido provado, segundo nossa semelhança, excluído o pecado. 16Acerquemo-nos, pois, com confiança ao trono da graça, para que obtenhamos misericórdia e achemos graça para o oportuno socorro. ***Hb 4:15-16 - BTX***

JESUS respondeu-lhes: Decerto, decerto vos digo, que todo o que faz o pecado é escravo do pecado. ***Jo 8:34 - BTX***

Ele morrerá sem instrução, e na grandeza da sua loucura se perderá. ***Pv 5:23 - BKJ 1611***

Outras grandes ideias

A virtude – mesmo que seja o simples esforço – traz luz; o vício traz o nevoeiro. ***C.S. Lewis***

Quando os erros são entregues a Deus, Ele consegue usá-los para o nosso bem e para Sua glória. ***Ruth Bell Graham***

Um corpo vivo não é aquele que nunca se machuca, mas sim o que se fere e consegue, de uma certa forma, reparar a si mesmo. Do mesmo jeito, um cristão não é alguém que nunca erra, mas sim alguém que se arrepende e segue em frente depois de cada tropeço – porque a vida cristã está dentro dele, tratando-o o tempo inteiro, capacitando-o para repetir (até certo ponto) o tipo de morte que o próprio Cristo sofreu. ***C.S. Lewis***

Quando encaramos uma situação impossível, toda autoconfiança e autossuficiência devem acabar; precisamos depender totalmente do Senhor para que as soluções apareçam. ***Anne Graham Lotz***

Não importa o quanto a sua vida pareça louca, Deus pode fazer dela algo forte e bom. Ele pode ajudá-lo a criar raízes fortes para edificar outras pessoas.

–

Barbara Johnson

PONTOS IMPORTANTES:

Anotem pelo menos três coisas, que sua filha precisa saber, relacionadas às tentações:

MOMENTO DE ORAÇÃO:

Escrevam uma oração para sua filha com base neste capítulo:

Senhor,

Amém

16ª Coisa que Eu Preciso dizer à Minha Filha

A ORAÇÃO É MAIS PODEROSA DO QUE VOCÊ IMAGINA. POR ISSO, SE VOCÊ PRECISAR DE ALGUMA COISA, PEÇA A DEUS

E Eu vos digo: Pedi e se vos dará, buscai e achareis,
chamai à porta, e se vos abrirá.

–

Lucas 11:9 (BTX)

CONVERSEM COM SUA FILHA SOBRE ORAÇÃO

A oração verdadeira e sincera faz mudanças significantes em nós e no nosso mundo. Quando elevamos nossos corações a Deus, nós nos abrimos a uma fonte eterna de sabedoria divina e amor infinito. Então, como pais cristãos, vocês precisam ter a certeza de que sua filha entende o poder e a necessidade da oração. E a melhor forma de fazer isso é, obviamente, dando o exemplo.

A oração faz parte da vida de sua família ou ela não é um hábito muito presente? Vocês oram "sem cessar" ou ficam adiando esse momento? Vocês honram a Deus regularmente no silêncio da manhã ou abaixam suas cabeças apenas enquanto os outros estão olhando?

A qualidade da vida espiritual da sua filha será diretamente proporcional à qualidade de sua vida de oração. A oração transforma tudo e, também, irá transformá-la. Então, quando ela estiver se preocupando demais com as coisas, peça para entregá-las a Deus em oração. E quando vocês fizerem isso, não se limitem a orar apenas antes das refeições ou na hora de dormir. Vejam se sua família está orando pelas coisas grandes e pequenas, porque Deus está ouvindo, mas Ele quer ouvir de você agora.

Cobiçais e não tendes, assassinais, ardeis de inveja,
e não sois capazes de alcançar; lutais e guerreais;
não tendes o que desejais, porque não pedis.
(Tg 4:2 - BTX)

O que mais a Palavra de Deus nos diz sobre oração

A súplica energizada de um justo pode muito. ***Tg 5:16 - BTX***

Que as palavras da minha boca e a meditação do meu coração sejam aceitáveis à tua vista, ó SENHOR, minha força e meu redentor. ***Sl 19:14 - BKJ 1611***

Porém Ele se retirava para lugares solitários e orava. ***Lc 5:16 - BTX***

Por nada estejais angustiados, antes, pela oração e a súplica, em tudo sejam conhecidas ante DEUS vossas petições com ação de graças. ***Fp 4:6 - BTX***

Regozijando-vos na esperança, sofridos na tribulação, perseverando na oração. ***Rm 12:12 - BTX***

Outras grandes ideias

Ao pedir algo em nome de Jesus, estamos pedindo não apenas pela Sua autoridade, mas também pelos Seus interesses e para o Seu bem. ***Shirley Dobson***

Quando é que nós vamos entender que não estamos incomodando a Deus com nossas perguntas e preocupações? Seu coração está aberto para nos ouvir – Seu toque está mais perto do que qualquer outro – como se ninguém existisse no mundo, a não ser nós. Esse Deus quer ouvir tudo de nós pessoalmente. ***Gigi Graham Tchividjian***

Deus usa os passos de fé mais incertos e escorregadios até abrir a porta para fazer "mais do que pedimos" por nós. ***Catherine Marshall***

Muitas vezes, eu fiz pedidos a Deus de forma sincera e da maneira condizente com as Escrituras, mas eu O ouvi dizer "não" porque Ele tinha algo melhor reservado. ***Ruth Bell Graham***

Deus faz as orações serem o mais fácil possível para nós. Ele está completamente tangível e disponível, e nunca nos repreenderá ou nos ridicularizará por entregarmos nossas necessidades a Ele. ***Shirley Dobson***

Quando você pedir para Deus fazer algo, não peça timidamente; faça isso de todo coração. ***Marie T. Freeman***

Quando as tribulações surgirem no seu caminho – e inevitavelmente isso acontecerá – não fuja. Corra para o seu Deus e seu Pai ***Kay Arthur***

Tudo o que nós temos que fazer é reconhecer nossas necessidades, esquecer a autossuficiência, depender de Deus e pedir a Ele para ser o nosso refúgio. ***Bill Hybels***

Deus nos ajudará a ser o povo que devemos ser, mas só se nós pedirmos isso a Ele. ***Hannah Whitall Smith***

A ajuda de Deus está sempre
disponível, mas ela só é
concedida àqueles que a buscam.

–

Max Lucado

PONTOS IMPORTANTES:

Anotem pelo menos três coisas, que sua filha precisa saber, relacionadas ao poder da oração:

MOMENTO DE ORAÇÃO:

Escrevam uma oração para sua filha com base neste capítulo:

Senhor,

Amém

17ª Coisa que Eu Preciso dizer à Minha Filha

À MEDIDA QUE VOCÊ CRESCE, ACONTECERÃO COISAS QUE VOCÊ SIMPLESMENTE NÃO CONSEGUIRÁ ENTENDER, A MENOS QUE SE LEMBRE DE QUE DEUS TEM UM PERSPECTIVA ETERNA

Pensai nas coisas de cima, não nas da terra.

–

Colossenses 3:2 (BTX)

CONVERSEM COM SUA FILHA SOBRE PERSPECTIVA ETERNA

Tanto para os pais quanto para os filhos, a vida é atribulada e complicada. Em meio à correria e à opressão do dia a dia, é fácil perder a perspectiva... fácil, porém errado. Enquanto o nosso mundo parece sair do controle, conseguimos recuperar a perspectiva ao diminuir o ritmo para colocar as coisas em ordem. Mas isso nem sempre é fácil, especialmente para os jovens. Então, talvez sua filha algumas vezes se convença de que os problemas cotidianos são permanentes e catastróficos. E, se ela começar a fazer tempestade em copo d'água, cabe a vocês, como pais responsáveis, mostrar como se recupera a perspectiva.

Quando há um problema que parece impossível de resolver, vocês buscam momentos silenciosos para pensar nas promessas de Deus e no que elas significam na eternidade? Vocês são sábios o bastante para louvar e dar graças ao Criador, tanto nos maus momentos quanto nos bons? E vocês encorajam sua filha a fazer o mesmo? Se a resposta for sim, ela será abençoada pela sua instrução e pelo seu exemplo.

As conhecidas palavras de Salmos 46:10 nos lembram que temos um dever: "Parem de lutar! Saibam que eu sou Deus! Serei exaltado entre as nações, serei exaltado na terra". Quando assim fizermos, estaremos na presença maravilhosa do nosso Pai Celestial. Mas, ao ignorarmos a presença do Criador, nos privamos de Sua perspectiva, de Sua paz e de Sua alegria.

Por isso, de hoje em diante, separem um momento para silenciarem-se diante do Criador e motivem sua filha a fazer o mesmo. Depois disso, todos vocês poderão enfrentar os obstáculos inevitáveis da vida – que, aliás, são passageiros – com a sabedoria e o poder que apenas Deus nos concede.

E se algum de vós carece de sabedoria, pedi-a a DEUS, o que dá a todos generosamente e não repreendendo, e lhe será dada. (Tg 1:5 - BTX)

Porque ainda agora vemos mediante espelho, veladamente; porém então, cara a cara; agora conheço em parte, porém então conhecerei plenamente, conforme fui conhecido. (1Co 13:12 - BTX)

DIGAM À SUA FILHA: SUA APARÊNCIA NÃO É TÃO IMPORTANTE QUANTO VOCÊ PENSA.

Porém, o SENHOR disse a Samuel: Não olhe para a sua aparência, nem para a altura da sua estatura; porque eu o recusei; pois o SENHOR não vê como vê o homem; pois o homem olha para a aparência exterior, mas o SENHOR olha para o coração. ***1Sm 16:7 - BKJ 1611***

Vosso atavio não seja o exterior, de trançado de cabelos e atavios de ouro, ou de uso de vestidos luxuosos, 4 senão o homem oculto de coração, no incorruptível de um espírito afável e aprazível, o qual é mui precioso diante de DEUS. ***1Pe 3:3-4 - BTX***

Tudo ele fez formoso em seu tempo. ***Ec 3:11 - BKJ 1611***

Portanto vos digo: Não vos afaneis por vossa vida, o que comereis, nem por vosso corpo, o que vestireis. Não é a vida mais do que o alimento, e o corpo mais do que o vestido? ***Mt 6:25 - BTX***

Outras grandes ideias

As aparências, as roupas que você veste ou o carro que você dirige são importantes para as outras pessoas, mas absolutamente inúteis para Deus. Confie nele. ***Marie T. Freeman***

Se as Escrituras nos ensinam alguma coisa, desde a serpente no jardim ao carpinteiro de Nazaré, ela nos ensina que as coisas raramente são o que parecem e que não devemos ser enganados pelas aparências. ***John Eldredge***

É impossível agradar a todos, mas não é impossível agradar a Deus. Portanto, tente agradar ao Pai. ***Jim Gallery***

Nosso maior objetivo na vida não é ser rico, saudável, próspero ou livre de problemas. O maior objetivo é glorificar a Deus. ***Anne Graham Lotz***

Uma vez liberto, permita-se ser quem você é: uma pessoa maravilhosa e interessante que Deus usa para encorajar e edificar outras pessoas. ***Barbara Johnson***

Uma pessoa de Deus se vê como valiosa, talentosa e responsável pelo seu próprio crescimento e maturidade – sem depender excessivamente de ninguém para seguir com a vida ou para se sentir segura.

–
Charles Swindoll

O que mais a Palavra de Deus nos diz sobre sabedoria

Não a abandones, e ela te preservará; ama-a, e ela te guardará. ***Pv 4:6 - BKJ 1611***

Quão melhor é adquirir a sabedoria do que o ouro! E adquirir entendimento em vez de se escolher a prata! ***Pv 16:16 - BKJ 1611***

Aquele que adquire sabedoria ama a sua própria alma; aquele que mantém o entendimento encontrará o bem. ***Pv 19:8 - BKJ 1611***

Vede, pois, diligentemente como andais, não como néscios, senão como sábios. ***Ef 5:15 - BTX***

Quem é sábio e entendido entre vós? Mostre pela boa conduta suas obras na mansidão da sabedoria. ***Tg 3:13 - BTX***

Outras grandes ideias

Vida: tempo que Deus nos dá para determinarmos como vamos passar a eternidade. ***Anônimo***

Enquanto eu e você acumulamos tesouros eternos e vivificantes no céu, chegamos à conclusão maravilhosa de que nós mesmos somos Seus tesouros! ***Anne Graham Lotz***

A salvação envolve muito mais do que saber sobre Jesus Cristo ou até mesmo ter sentimentos especiais por Ele. A salvação acontece quando recebemos a Jesus Cristo, por meio de ações ou da vontade, como nosso Salvador e Senhor. ***Warren Wiersbe***

Estamos sempre tentando "nos encontrar" enquanto, na verdade, é isso que precisamos perder. ***Vance Havner***

Tudo o que não é eterno é eternamente ultrapassado. ***C.S. Lewis***

Deus está no controle e, portanto,
posso dar graças a tudo, não apenas
pela situação, mas por causa daquele
que a planeja e determina.

–

Kay Arthur

PONTOS IMPORTANTES:

Anotem pelo menos três coisas, que sua filha precisa saber, relacionadas à perspectiva:

MOMENTO DE ORAÇÃO:

Escrevam uma oração para sua filha com base neste capítulo:

Senhor,

Amém

18ª Coisa que Eu Preciso dizer À Minha Filha

DEPARAR-SE COM DIFICULDADES NÃO É TÃO IMPORTANTE QUANTO LIDAR COM ELAS

Bem-aventurado o varão que suporta a provação,
porque ao ser aprovado, receberá a coroa da vida,
que prometeu aos que o amam.

—

Tiago 1:12 (BTX)

CONVERSEM COM SUA FILHA SOBRE SUPERAR AS ADVERSIDADES

Toda vida humana (inclusive a da sua filha) é uma composição de acontecimentos: alguns grandes, outros não tão grandes e outros absolutamente desanimadores. Quando sua filha estiver no topo da vida, ela vai achar que louvar a Deus é fácil. Mas quando as nuvens negras se formarem e ela estiver nos vales escuros, sua fé será testada, e às vezes será ao máximo.

Como cristãos, podemos nos confortar: sempre que estivermos no topo da montanha ou nos vales escuros, Deus estará lá, e por Ele cuidar de nós, podemos viver corajosamente.

A Bíblia nos promete que os tempos difíceis são passageiros, mas o amor de Deus não é – ele dura para sempre. Salmos 147 nos promete: "Só ele cura os de coração quebrantado e cuida das suas feridas" (v.3), mas Salmos 147 não diz que Ele nos cura imediatamente. Em geral, leva tempo (e esforço) para que as coisas se ajeitem.

Sendo assim, sua filha precisa aprender que, ao passar por momentos difíceis, ela deve encará-los com Deus ao lado. Sua filha precisa saber que, quando se deparar com os obstáculos, – e isso acontecerá – ela deve sempre pedir ajuda a Deus e aprender a ser paciente. Deus consertará tudo, exatamente como prometeu, mas Ele o fará no tempo devido e do jeito certo.

Porque todo o que há nascido de DEUS vence o mundo; e esta é a vitória que há vencido o mundo: nossa fé. (1Jo 5:4 - BTX)

OUTRAS GRANDES IDEIAS

Deus nunca deixará você se abater pelas circunstâncias. Ele sempre concede um lugar seguro e Seu amor sempre nos cerca. ***Barbara Johnson***

Se você aprender a confiar em Deus dependendo do Pai Celestial como uma criança, nenhum problema poderá destruí-lo. ***Billy Graham***

Deus sussurra em nossas alegrias, fala com nossa consciência, mas grita em nossa dor. ***C.S. Lewis***

O testemunho de sua vida em tempos difíceis ministra com muito mais poder às pessoas do que o preletor mais eloquente. ***Bill Bright***

Compare o poder dos obstáculos ao poder de Deus. ***Beth Moore***

A adversidade não é apenas uma ferramenta. Ela é a ferramenta mais poderosa de Deus para o avanço de nossa vida espiritual. As circunstâncias e acontecimentos que vemos como obstáculos muitas vezes são o que realmente nos levam a um período de crescimento espiritual intenso. Uma vez que entendemos e aceitamos isso como prova da vida espiritual, a adversidade fica mais fácil de ser superada. ***Charles Stanley***

A fé é um poder forte que acaba com qualquer dificuldade na força do Senhor, que fez o céu e a Terra. ***Corrie Ten Boom***

Se todas as dificuldades e sofrimentos fossem eliminados, nosso espírito alcançaria apenas a maturidade de uma criança. ***Elisabeth Elliot***

Muitas vezes as tribulações são verdadeiras portas para as coisas boas que esperamos. ***Hannah Whitall Smith***

As tribulações da vida podem ser
ferramentas de Deus para esculpir
Sua imagem em nosso caráter.

–

Warren Wiersbe

PONTOS IMPORTANTES:

Anotem pelo menos três coisas, que sua filha precisa saber, relacionadas à superação dos tempos difíceis:

MOMENTO DE ORAÇÃO:

Escrevam uma oração para sua filha com base neste capítulo:

Senhor,

Amém

19ª Coisa que Eu Preciso dizer à Minha Filha

LÁ FORA É MAIS PERIGOSO DO QUE VOCÊ IMAGINA; PORTANTO, VÁ COM CALMA. APERTE O CINTO, MANTENHA OS OLHOS NO CAMINHO E NÃO SEJA IMPULSIVA

Um homem prudente prevê o mal e se esconde,
mas os simples seguem adiante e são punidos.

–

Provérbios 27:12 (BKJ 1611)

CONVERSEM COM SUA FILHA SOBRE PROTEÇÃO

Há um pesadelo que ocasionalmente passa pela cabeça de todos os pais cuidadosos: o pensamento de que algum dano sério recaia sobre um filho. Esses medos paternais são reforçados por acidentes trágicos que, muito frequentemente, são estampados na capa dos jornais.

Ninguém pode negar que muitos jovens têm comportamentos descuidados. Então, é seu dever fazer de tudo para certificar-se de que sua filha é muito mais consciente do que o normal. Resumindo, vocês devem ser os escudos protetores de sua família, sendo também persistentes, perseverantes e informados.

A maturidade e a proteção andam lado a lado. Por isso, quando sua filha se tornar uma mulher mais madura, ela naturalmente se habituará a olhar por onde anda. E isso é bom porque, quando as pessoas andam antes de olhar o caminho, muitas vezes elas adquirem comportamentos destrutivos e logo se arrependem.

Sendo assim, não pensem duas vezes antes de falar com sua filha sobre segurança, de ensinar a se comportar cuidadosamente e de instruir a não estar com pessoas ou em lugares que possam causar danos físicos, emocionais ou espirituais.

Ser pais rígidos e conscientes pode não ser uma grande maneira de conquistar popularidade, mas é uma das melhores coisas a se fazer para ajudar sua filha a ter uma vida longa, feliz e produtiva.

Aquele que adquire sabedoria ama a sua própria alma; aquele que mantém o entendimento encontrará o bem. (Pv 19:8 - BKJ 1611)

Assim como não é bom ficar a alma sem conhecimento,
peca aquele que se apressa com os seus pés.
(Pv 19:2 - BKJ 1611)

Porque não nos há dado DEUS espírito de covardia,
senão de poder, de amor e de domínio próprio.
(2Tm 1:7 - BTX)

OUTRAS GRANDES IDEIAS

O conhecimento é horizontal. A sabedoria é vertical; ela vem do alto. ***Billy Graham***

O plano de Deus é que nós cresçamos em sabedoria antes de pegarmos a estrada. ***Bill Hybels***

Pessoas sábias escutam instruções sábias, especialmente as da Palavra de Deus. ***Warren Wiersbe***

Se lhe falta conhecimento, vá para a escola. Se lhe falta sabedoria, ajoelhe-se. ***Vance Havner***

Quanto mais sabedoria entrar em nossos corações, mais poderemos depositar nas situações difíceis os nossos corações. ***John Eldredge***

O tema de Provérbios é a sabedoria e o uso
correto do conhecimento. Ela nos capacita a
avaliar as pessoas e as circunstâncias para
tomarmos as decisões certas na vida.

–

Warren Wiersbe

CONVERSEM COM SUA FILHA SOBRE SAÚDE

Deus quer que tenhamos um cuidado especial com o corpo que Ele nos deu, mas é tentador fazer o contrário. Vivemos em um mundo "fast-food", no qual escolhas prejudiciais são mais convenientes, baratas e tentadoras. Além disso, vivemos em um mundo digital cheio de conveniências modernas que muitas vezes nos privam dos exercícios físicos, necessários para mantermos um estilo de vida saudável. Como consequência disso, muitos de nós, tanto filhos quanto pais, nos vemos grudados na televisão com um lanche em uma das mãos e um controle na outra. Os resultados são tristes e previsíveis.

Como adultos, cada um de nós é responsável pela sua saúde física. Certamente, muitos aspectos da saúde estão além do nosso controle: as doenças acometem até mesmo as pessoas mais saudáveis. Mas, para muitos, a saúde física é uma escolha resultante de centenas de pequenas decisões que fazemos todos os dias. Se fizermos escolhas que promovam a boa saúde, nossos corpos reagirão bem. Mas se tivermos maus hábitos e um estilo de vida indisciplinado, sofreremos consequências trágicas.

Quando nossos hábitos prejudiciais levam a uma saúde deficiente, é muito fácil olharmos além de nós mesmos e culpar outros fatores. Na verdade, vivemos em uma sociedade na qual a culpa se tornou uma obsessão nacional: culpamos os fabricantes de cigarro, de comida, os restaurantes, dentre muitos outros. Mas culpar os outros é errado. Nós, e somente nós, somos responsáveis pela forma com a qual tratamos nosso corpo. E quanto antes assumirmos essa responsabilidade, antes garantiremos o controle de nosso corpo e de nossa vida.

Vocês realmente querem melhorar sua saúde física? E vocês querem motivar sua filha a fazer o mesmo? Se a resposta for sim, comecem assumindo a responsabilidade pessoal pelos seus corpos concedidos por Deus. Depois, não deixem de ensinar lições sobre alimentação e exercícios regulares, prometendo a si mesmos que ajudarão a família a fazer escolhas necessárias para se aproveitar uma vida mais feliz e mais saudável. Ninguém pode fazer essas escolhas por vocês, e com a ajuda de Deus, vocês conseguem.

Não sabeis que sois santuário de DEUS, e o Espírito de DEUS mora em vós? ***1Co 3:16 - BTX***

Porque sabemos que se nossa casa terrenal, este tabernáculo, fosse destruída, temos de DEUS um edifício, uma casa não feita por mãos, eterna, nos Céus. ***2Co 5:1 - BTX***

Não sabeis que vosso corpo é santuário do Espírito Santo que está em vós, o qual tendes de DEUS, e que não sois vossos? Porque fostes comprados por preço. Glorificai, portanto, a DEUS em vosso corpo. (1Co 6:19-20 - BTX)

PONTOS IMPORTANTES:

Anotem pelo menos três coisas, que sua filha precisa saber, relacionadas a ser saudável e cuidadosa:

MOMENTO DE ORAÇÃO:

Escrevam uma oração para sua filha com base neste capítulo:

Senhor,

Amém

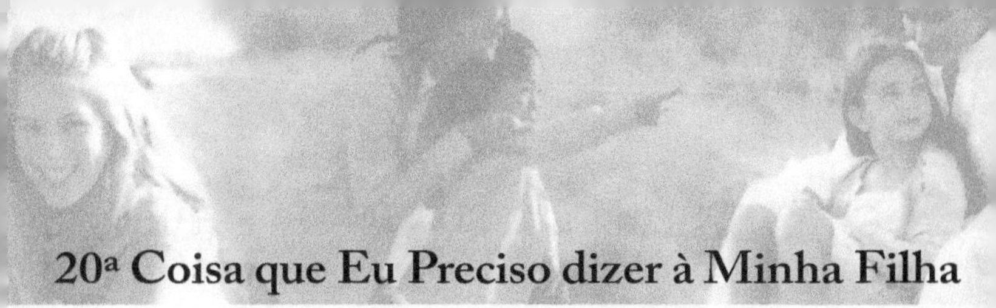

20ª Coisa que Eu Preciso dizer à Minha Filha

JESUS CONCEDE O DOM DA VIDA ETERNA, E O RESTANTE CABE A VOCÊ

Decerto, decerto vos digo:
O que ouve minha Palavra e crê no que me enviou
tem vida eterna e não vai a juízo,
senão que há passado da morte para a vida.

–

João 5:24 (BTX)

CONVERSEM COM SUA FILHA SOBRE VIDA ETERNA

A vida eterna não acontece depois que morremos, mas sim quando convidamos Jesus para entrar em nossos corações. No momento em que permitimos que Ele reine em nossas vidas, começamos nossa jornada eterna.

Como pais e cristãos responsáveis, é importante fazer sua filha se lembrar de que os planos de Deus não se limitam aos altos e baixos do cotidiano. Na verdade, os altos e baixos muitas vezes são impossíveis de entender. Como meros mortais, nossa compreensão do presente e nossa visão do futuro – assim como nossa vida na Terra são limitadas. A percepção de Deus não se restringe a essas limitações; Seus planos se estendem por toda a eternidade, e devemos confiar nele mesmo quando não conseguimos entender os detalhes do Seu plano.

Portanto, vamos louvar o Criador por esse dom inestimável e compartilhar a boa-nova com todos aqueles que cruzarem nossos caminhos. Retribuiremos o amor do Pai ao aceitar Seu amor. Quando isso acontecer, seremos abençoados aqui na Terra e por toda a eternidade.

E este é o testemunho: que DEUS nos deu vida eterna, e esta vida está em seu Filho. O que tem o Filho tem a Vida; o que não tem o Filho de DEUS, não tem a Vida. ***1Jo 5:11-12 - BTX***

Tampouco queremos, irmãos, que ignoreis acerca dos que se dormem, para que não vos entristeçais como os demais que não têm esperança. Porque se cremos que JESUS morreu e ressuscitou, assim também trará DEUS com Ele os que dormiram em JESUS. ***1Ts 4:13-14 - BTX***

JESUS lhe disse: Eu sou a Ressurreição e a Vida. O que crê em Mim, ainda que morra, viverá, e todo o que vive e crê em Mim, de modo algum morrerá eternamente. Crês nisto? ***Jo 11:25-26 - BTX***

Estas coisas vos acabo de escrever aos que credes no nome do Filho de DEUS, para que saibais que tendes vida eterna. ***1Jo 5:13 - BTX***

OUTRAS GRANDES IDEIAS

Se você é fiel, seu julgamento não determinará seu destino eterno. A obra de Cristo no Calvário já se aplicou a você desde quando O aceitou como seu Salvador. ***Beth Moore***

Eu ainda acredito nisso. Com dedos tortos, músculos atrofiados, joelhos dobrados e sem sentir nada dos ombros para baixo, um dia terei um novo corpo – iluminado e revestido de justiça – poderoso e esplêndido. ***Joni Eareckson Tada***

Deus nos prometeu abundância, paz e vida eterna. Esses tesouros serão nossos se pedirmos; tudo o que precisamos fazer é pedir. Um dos maiores mistérios da vida é: por que alguns de nós demoram tanto para fazer isso? ***Marie T. Freeman***

Lenta e certamente, aprenderemos o grande segredo da vida, que é conhecer a Deus. ***Oswald Chambers***

Os danos feitos a nós nesta Terra nunca entrarão na cidade santa. Podemos relaxar, descansar e, mesmo que alguns de nós tenhamos grande dificuldade para imaginar, podemos nos preparar para ficarmos seguros e protegidos por toda a eternidade. ***Bill Hybels***

Ensina-nos a colocar nossas esperanças no céu e a nos agarrar com firmeza na promessa de vida eterna, para que possamos resistir às dificuldades e tempestades deste mundo. ***Max Lucado***

Entregue a Cristo sua vida hoje e ela nunca mais será a mesma. ***Billy Graham***

A escolha de receber ou rejeitar o Senhor Jesus Cristo determinará como você viverá na eternidade. ***Anne Graham Lotz***

Queremos ver Jesus – o Vitorioso –,
Aquele que desafiou e venceu a morte.
Não podemos nos esquecer de que
essa vitória também é nossa!

–

Max Lucado

PONTOS IMPORTANTES:

Anotem pelo menos três coisas, que sua filha precisa saber, relacionadas ao momento para aceitar a Cristo:

MOMENTO DE ORAÇÃO:

Escrevam uma oração para sua filha com base neste capítulo:

Senhor,

Amém

Surgiu então uma discussão entre eles:
quem deles seria maior. Mas JESUS,
que conhecia o raciocínio do coração deles,
pegou uma criança e a pôs junto a si, e lhes disse:
Qualquer que receba a esta criança em meu Nome,
recebe a mim, e o que me recebe, recebe ao que me
enviou; porque o que é o menor entre todos vós,
este é grande.

–

Lucas 9:46-48 (BTX)